一生

「幸せな営業マン」として活躍するための思考塾

「幸せな営業マン」が
実践しているたった
3つのルール

幸　賢俊
Yuki Masatoshi

梓書院

一生「幸せな営業マン」として活躍するための思考塾

「幸せな営業マン」が実践しているたった３つのルール

幸 賢俊

はじめに

あなたは今、営業をしていて幸せですか？

この本を手に取ってくださった方は、きっと営業職に就いている方が大半だと思いますが、

「いくら営業をかけても売上につながらない」

「いつもノルマに追われている」

「全然紹介してもらえず、いつもアポ取りに苦労している」

などの悩みや苦しみを抱えている方も多いのではないでしょうか。

もしくは、本書のタイトルを見て、

「売れる／できる営業マンではなく、〝幸せな営業マン〟ってどういうことだろう」

と思っている方もいるかもしれません。

私は、「営業ほど幸せな仕事はない」と心から思っています。

それは「結果が出せるとおもしろい」「売上がどんどん上がるからうれしい」といった理由からではありません。

営業は、自分が成し遂げたいと思う「使命」を果たしながら、人に喜んでいただけて、かつ収入も得られる仕事だと実感しているからです。

私は、19歳で太陽光発電機器の訪問販売の職に就いてから、30歳で独立するまで、さまざまな会社で営業を続けてきました。中には、税理士事務所や鍼灸院など、「そこで営業って何をするの？」と思われそうな会社もありますが、どこに行っても営業のスキルは必要とされました。

ただ、独立するまでの11年間は、私も「幸せな営業マン」とは言えなかったと思います。

別に仕事がうまくいっていなかったわけではありません。売上が全社で1位になったり、転職先の売上を6倍にしたり、年収が一千万円になったりしたこともあります。

しかし、決して「幸せ」ではなかった。今ならそう思います。

そう思う理由の一つに、こんな出来事があります。

私は年収が一千万円になった時に、女手一つで私を育ててきてくれた母と大喧嘩をして、絶縁してしまったのです。すると、その後、なぜか年収が4分の1にまで激減してしまいました。

当時は、何が不調の原因なのかまったくわかりませんでした。年収が一千万円の時に調子に乗って購入した外車のローンはまだまだ残っているのに、収入は一向に回復しません。お客様からもなかなかご紹介をいただけなくなっていました。妊娠中の妻に「大丈夫よ。出産したら私も働けばいいんだから」と慰められるような状況が続きました。

そうなってしまった理由や、そこから回復した詳しい経緯については本文に譲りますが、このつらい時期に気がついたことが、私を「幸せな営業マン」へと変えてくれたのです。

現在、私は合同会社 Happy Life Consulting という会社を経営しています。保険の代理店をしながら、子育て世代を中心に、年間約300人のお金に関する相談に乗っています。

ご相談の内容は多岐に渡っていて、教育資金や住宅の購入、老後資金、相続など、人生に関わるお金のことは、ゆりかごから墓場までなんでも対応しています。また、税理士事務所で働いていたこともあるので、会計管理のご相談にも応じています。

開業した時は、特に顧客と言える人もおらず、ゼロからのスタートでした。しかし、初年度の年商は一千万円。その後、年商は毎年倍増し、開業5年目には5600万円にまでなっています。

2021年には、「Top of the Table（TOT）」の仲間入りをしました。保険業界にいる方ならご存じだと思いますが、全世界にいる保険外務員の売上トップクラスのメンバーで構成される「Million Dollar Round Table (MDRT)」。TOTはその6倍の基準が要求される、MDRTの上位会員です。

TOTは、全世界における保険外務員全体の0.1%で、約600人。日本のTOTは世界の0．008%、約120人しかいません。私はその一人というわけです。

また、今後取り組んでみたいこともどんどん広がっています。子どもたちに投資に関する知識や自己概念を上げる方法を伝えていきたいですし、幸せな営業マンを増やすための営業塾も開きたいと考えています。

プライベートは、愛する妻とかわいい子ども2人に恵まれて、家族との時間も大切にしながら毎日を過ごしています。一時期は絶縁状態にあった母との関係も回復。今は穏やかで幸せな日々を送っています。

このように書くと、

「売れているから『幸せな営業マン』なんて言えるんだろう」と、カチンとくる方もいるかもしれません。

もちろん、売上は重要な指標の一つです。そこを追い求めていくことは、私も妥協しません。しかし、売上を「ただのお金」として、ずっと追いかけていくのは幸せではないと思いませんか？　今、それなりに営業成績が良く、売上を上げることができていても、これを一生続けていくのかと思うと、なんだか息苦しさを感じる方もいるのではないでしょうか。

私が幸せな営業マンでいられるのは、ただ売上を追求するだけでなく、「誰を幸せにしたいか」「どのように役に立ちたいか」という「使命」を見つけたからです。その使命を見つけることができれば、誰だって幸せな営業マンになれると私は考えています。そのための方法を、本書を通してお伝えしたいのです。

そして、幸せな営業マンになる方法を広げていくことは、お客様のためでもあります。

例えば、保険外務員……保険の営業マンは離職率が非常に高く、3年で9割が辞職してしまいます。そうなるともちろん会社も困るのですが、一番困るのはお客様です。本来であれば、一度でも買っていただいたら、ずっとお付き合いを続けお客様がお困りの時にサポートするのが営業マンの役割。その役割を途中で放り出されるわけですから、不幸なのはお客様です。

一方で、正義感が強く、「契約していただいたからには辞められない！」と考え、かろうじて続けている営業マンもいます。彼らの中には、自分の身を削るようにして働いている人が多いのも事実。彼らは、拘束時間が多い割に収入が上がらなかったり、収入が上がらないから困窮した生活を送っていたりします。せっかく営業の仕事に就いたのに、それでは本末転倒です。

本来営業は、一生食いはぐれのない、どの仕事でも使える素晴らしいスキルです。ですから、私が幸せな営業マンになれる方法をお伝えすることで、営業を通して不幸になる人を無くすことができるのではないかと考えています。

本書では、保険の営業マンを中心に、営業に携わる方々が幸せな営業マンになる方法を、ワークも含めてご紹介します。本書を読みながら一つずつ実践していただければ、誰でも幸せな営業マンになることができる、再現性のある方法ばかりです。

短期間でできる即効性のあるものではありませんが、何度も繰り返し考え、行動を積み重ねていくことで、着実に幸せな営業マンに近づくことができます。

また、営業力はすべての人に役立つものなので、営業職でない方にも本書を活用していただけたらうれしいです。ウエイトレスであっても主婦であっても、営業力は生きていく上で必要なスキル。きっと力になってくれるはずです。


では、早速始めましょう。

「営業は、本当に幸せな仕事です」。

心からそう言える営業マンになる思考塾のスタートです。

＊もくじ＊

1

「幸せな営業マン」と「うまくいっていない営業マン」の違い

はあああ
持田！いい加減にしろよ！
今週も成約0じゃないか！
すみません！すみません！
ペコ
ペコ
ペコ
お前のせいでチーム目標達成できないんだよ！
謝ってないで結果出してこい！
うぅ…お腹減ったけどお金ないしなぁ…
お昼は節約するか…
今日はお世話になりました！
いえありがとうございます！

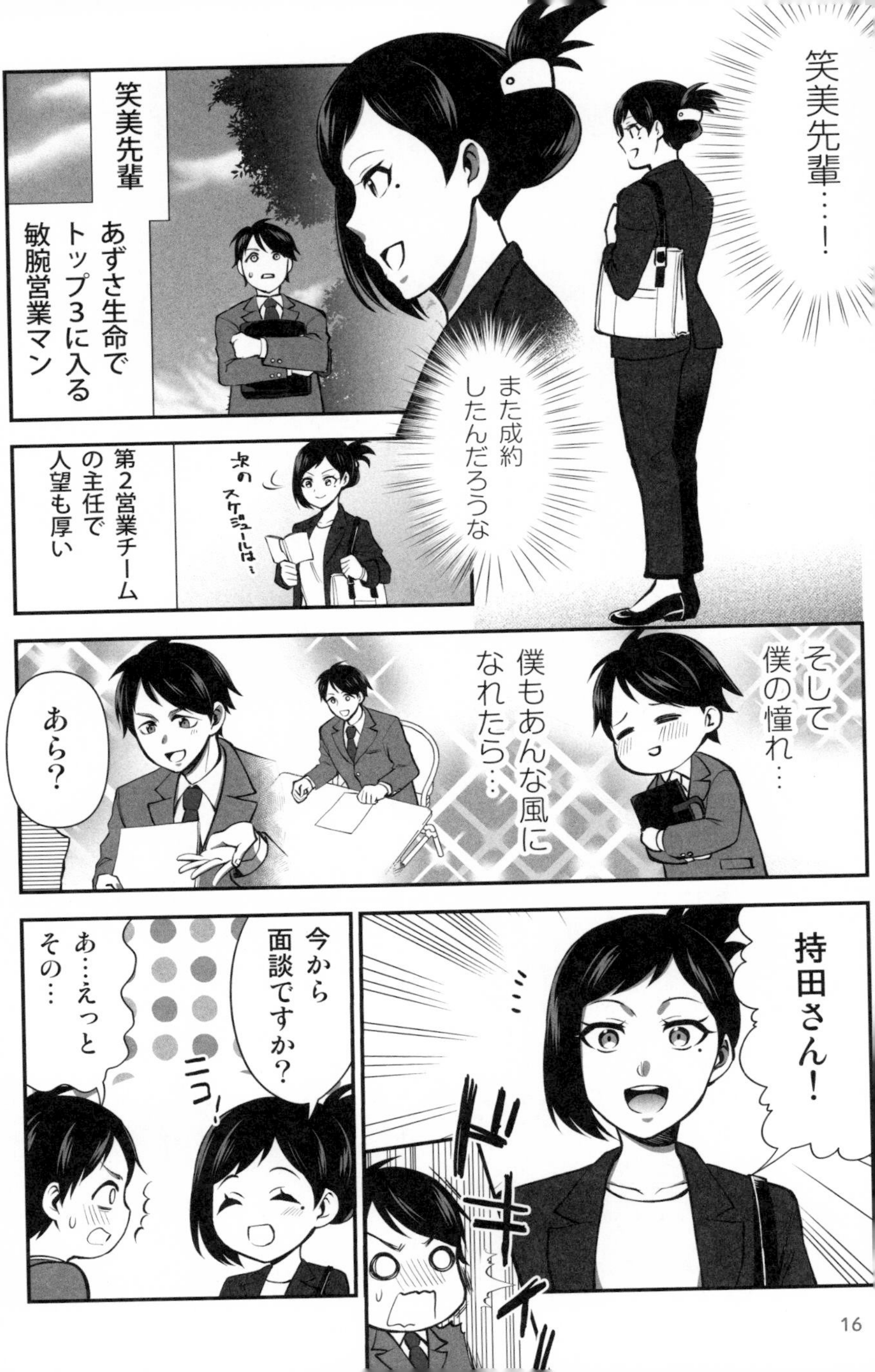

笑美先輩…！
また成約したんだろうな
笑美先輩
あずさ生命でトップ3に入る敏腕営業マン
第2営業チームの主任で人望も厚い
次のスケジュールは…
そして僕の憧れ…
僕もあんな風になれたら…
あら？
持田さん！
ドキーッ
今から面談ですか？
ニコ！
あ…えっと その…

相談…してみようかな…
あの…っ
ぐううう…
笑美せんぱい…
ふら〜っ
ギャー!!
びっくりしましたよ〜
ガヤ
ガヤ
ちゃんと食事してますか？
ガヤ
ガヤ
すみません…ご心配おかけしました
大丈夫ならいいんですけど
そういえば私に何か話があったんじゃないですか？
あっ あの…
ぐっ
笑美先輩っていつも成績がよくて
でも仕事に追われてないし
お客様からも会社のみんなからも頼りにされていて…
どうしたらそんなふうになれるんでしょうか…
同じチームでもないし 僕なんかがお願いするのは図々しいと思うんですが
バンッ

笑美先輩の営業の方法を教えてくれませんか？
…剛田さんに教わらなくていいんですか？
あー…
剛田さんにはいつも怒られてばかりで…僕なんかに教えてくれると思えないし
うーん じゃあいいですよ！
ほんとですか!?
ただし
ぴっ
今後 〝僕なんか〟と言うのは
禁止です
え!?
ぱっ
それと私の言うことは絶対信じて下さいね
はい！

幸せな営業マンってこんな人

みなさんは、幸せな営業マンとはどのような人だと思いますか？　売上が高い人？　それとも紹介が尽きない人でしょうか。

私が考える幸せな営業マンとは、「お客様の役に立つんだ」という「使命」や「信念」を持って働ける人。そして、それに見合う収入を得ることができている人です。

なぜなら、「お客様の役に立つなら！」と頑張っても、売上につながらなければその営業マンは仕事を続けられないからです。いくらお客様の気持ちに寄り添って共感しても、売上にならなければただのボランティア。自己犠牲に過ぎません。

反対に、口では「お客様のため」と言いながらも、その場限り売り抜ければいいと思っていたり、「1回売ったらおしまい」の営業をしたりしている人も、幸せな営業マンにはなれません。なぜなら、お客様のためにならないことをしているからです。そんなことをしていると、苦情につながったり紹介をいただけなくなったりして、結果的に自分を苦しめることになるでしょう。

また、そのような考え方をしていると、すべての価値基準が売上になっていきます。すると、家族に対して「稼いでいるんだからいいだろう」と驕った態度になったり、同僚や部下に対して「売上が悪いくせに」と高圧的な態度になったりしてしまいます。そのため、社内の人や配偶者との関係性が悪くなることが多いのです。

幸せな営業マンになるには、信念と売上のどちらかに偏っていてはいけません。

お客様のためになることや役に立つことを提案して、そこを評価していただいた結果、購入につながる。

お客様からは「(私のためになる)良い商品を教えてくれてありがとう!」と感謝される。

幸せにできたお客様が増えれば増えるほど、営業マンも経済的に潤っていく。

そのような営業をできる人が、幸せな営業マンなのです。

私は、みなさんにはぜひ、そのような営業マンになってほしいと思っています。そういった仕事を一生続けることができたら、本当に幸せだと思いませんか?

そして、幸せな営業マンになれるだけの営業力を身に付けると、良いことがたくさんあります。

まず、食いはぐれることはありません。どの商品やサービスであっても営業の基本は一緒ですから、一生営業力で稼いでいくことができます。

常に「お客様にとって本当に必要なことは何か」と物事の本質を考えるクセがつくので、自分自身のことも物事を決断するスピードと質が上がります。

そして、幸せな営業マンになれる人は、お客様だけでなく社内の人や家族からも愛し、愛される存在になり、いざという時に頼りにしていただけたり、自分が困っている時にも助けてもらえたりします。

つまり幸せな営業マンとは、

・お客様の役に立つという信念を持って仕事をしていて
・お客様に感謝されるものを提供できて

・それに見合う収入を得ることができて
・判断力が高く
・周囲の人から愛されて頼られて
・力になってくれる人がたくさんいて
・一生食いはぐれない人

ということです。
幸せな営業マンの姿、見えてきましたか？

うまくいっていない営業マンの失敗パターン

うまくいっていない営業マンにもいろいろなパターンがありますが、共通しているのは、「自分はこのために営業の仕事をしている」という信念を持っていないことです。

その信念がないとどうなるかというと、

- **営業に回っても全然売れない。**
- **紹介してもらえないから行くところがない。**
- **休みばかりが多くなって焦る。**
- **年収が上がらない。**

といった状態に陥ります。

「営業マンあるある」ですよね？　実はこれらはすべて、うまくいっていなかった頃の私の実体験です。こうなると焦りますし、「俺はなんてダメなやつなんだ！」と自信を失ってしまいます。

一方で、売れているからといってうまくいっているとは限りません。

- **高級なスーツや時計など、急に持ち物が良くなるが、その後売上が下がってしまう。**

・売れていない人を「ダメなやつだ」と見下すようになる。
・後輩への指導が高圧的。

なんてことになります。
実は、これもかつての私です。
ただ売上が良いだけの営業マンだった頃の私は、今振り返ると自分でもかなりイヤなやつだったと思います。やはりその後は、うまくいかなくなる時期が来ました。

こういった「うまくいっていない営業マン」は、見渡すとみなさんの周りにもたくさんいるのではないでしょうか？　私もずっと営業職についているので、身近でたくさんの営業マンを見てきました。

例えば、

・「頑張ります！」と入社してきた3日後には姿を消してしまう人。
・「今日は終日、お客様のところを回ってきます！」と言っておきながら、近くの喫

茶店で1日過ごしている人。

・親戚や友人たちのリストを作って営業に回っていたけれど、行き詰まった挙句に大事な人たちからの信頼をなくしてしまった人。

・お客様とも言えないような知り合いばかりが増えて、やたらと飲み歩くようになる人。

・いろいろなセミナーに参加して、テクニックやノウハウを学んでくるのに、全然実践しようとしない人。

・値下げばかりさせられる人や、「値段を下げないと売れない」と思い込んでいる人。

・一生懸命話をしているのに、全然話を聞いてもらえない人。

まだまだたくさんありますが、これくらいにしておきましょう。

あなたの身近にも同じような人はいませんか？　もしかしたら、「俺のこと？」「私も経験ある……」と、ドキッとした人もいるかもしれませんね。

昔の私を含め、これらの「うまくいっていない営業マン」は、結局「誰のために／何のために営業をするのか」という信念を持っていないからうまくいかないのです。

信念を持っていないから、誰に営業をかけていいかわからない。

信念を持っていないから、「検討します」と言われたら引き下がってしまう。

信念を持っていないから、お金を稼ぐことに執着してしまう。

信念を持っていないから、成果が出ている人と自分を比べて落ち込んでしまう。

逆に言うと、信念を持っていれば、誰に営業をかけるべきかがはっきりしますし、自信を持って説明できるようになります。お金や売上を目的に営業するわけではないので、「役に立っている」という満足感を得られますし、人と自分を比べて落ち込むこともなくなります。

とはいえ、いきなり「信念を持て！」と言われてもピンときませんよね。信念の必要性については、追って説明していきます。

うまくいっていない営業マンにはいくつかパターンがあり、それぞれ不足しているものが違います。次の項で、まずはあなたがどのタイプか確認しましょう！

今のあなたはどんな営業マン？　自分のタイプを見極める

【その１】何をしてもうまく行かない、「ダメダメタイプ」

真面目で頑張っていて、参考書を読んだりセミナーに行ったりして、努力も勉強もしている。なのに、焦るばかりでちっとも成果が上がらず伸び悩んでいる。それが「ダメダメタイプ」の営業マンです。営業マン全体の２割くらいを占めているように感じます。

「ダメダメタイプ」と言っても、〝ダメな人〟という意味ではありません。自分のことを「自分はどうせ、何やってもうまくいかないんだ……ダメ人間だ……」と思い込んでしまっている人のことです。本書の漫画の主人公・持田勇気くんがこのタイプに当たります。

この状態は、私にも経験があります。

初めて入社した会社は訪問営業の会社。入社した頃は、毎日１００軒ほどのお宅を訪問して回っても、１件も契約が取れませんでした。営業初心者にもかかわらず、Ａ４の紙を一枚渡されて「そこに書いてある通り話せばいいから」と言われたきり、何も教えてもらえなかったのですから当然です。契約なんて取れるはずがありません。

しかし、初めての就職で営業方法そのものに問題があることがわからないため、「契約が取れない自分がダメなのではないか……」と思い悩んでいました。

その頃の私は、まさにこの「ダメダメタイプ」に陥っていたのだと思います。

このタイプにありがちな特徴としては、他にも次のようなものが挙げられます。


【ダメダメタイプの特徴】

- 自信がなくて、いつもため息をついている。
- すぐに謝る。
- 口癖は「僕なんか」「私なんかがすみません」。
- 親類や友人など「身内リスト」を提出している。
- やっと掴んだお客様を取りこぼす。
- 紹介がもらえない。
- 結果が出ないので給料が悪く、生活が苦しい。

・どんどん落ち込んで、何をしてもうまくいかない負のスパイラルにハマっている。
・お客様の都合に振り回されて、いつも時間がない。
・結論を先延ばしにしてしまう。
・「考えます」と言われたら、断られたと思ってしまう。
・自分から「ご検討ください」と言ってしまい、その後のアプローチをしない。
・お客様に対して、数字的根拠のある問題を抽出できない。
・自信がないから、転職もできない。
・恋人やパートナーがおらず、友人もいない。または少ない。
・生活が苦しいので、食生活が貧しく体調も良くない。

私の身の回りにも、このタイプの営業マンはたくさんいました。

「ダメダメタイプ」がうまくいかない主な原因は、自信がないことです。自己概念が低いとも言えます。

自己概念とは、心理学用語で「自分がどんな人間かについて抱いている考え」のことを言います。これが低いために自信が持てず、何をしてもうまくいかないループにハマってしまっているのです。

例えば、「ダメダメタイプ」の特徴の一つに「結論を先延ばしにしてしまう」を挙げていますが、このタイプは、お客様に断られるのがとても怖い。だから、「どうされますか?」と購買の意思を確認することができません。自分の方から「ご検討ください」と言って面談を終わらせてしまい、結論を先延ばしにしてしまいます。このような状態では、成約まで辿り着くのはなかなか難しいでしょう。

もし、彼らの給与体制が歩合制なら、こんな状態では当然収入は上がらず、生活も苦しいはずです。フルコミッションであれば、収入がゼロの可能性もあります。

なかなかうまく行かないから、「身内リスト」の友人に営業をかけてしまい、その結果、友人もなくして孤独感に苛《さいな》まれてしまいます。

自信のなさから、プライベートまでうまく行かなくなってしまうんですね。

そして、このタイプは自己概念が落ちてしまっていますから、たとえ今いる会社がブラック企業だったとしても、転職する勇気を持てません。

「自分なんて、どこに行っても役に立たないんじゃないだろうか」

「今、この会社で耐えられないとダメなままなんだ……」

といった思考回路に陥ってしまっているからです。

ここまでくると人生そのものが楽しくないし、ひいては「生きる価値なんてない」と思うところまで行き着いてしまう人もいます。


このように、自信がないと負のスパイラルにハマってしまうため、何もかもがうまく行かなくなってしまうのです。

では、そこから抜け出すにはどうしたらいいか。そのためには、自信をつけるのが最初の一歩です。

仕事の仕方をあれこれ変えるではなく、自分の「あり方」から確立していく必要があります。そのための方法は、次の章で説明していますので、ぜひご覧ください。


「ダメダメタイプ」は、仕事の「あり方」を確立して、自信をつけよう。

【その2】何をしてもそこそこで大きな結果は出せない、「そこそこタイプ」

ある程度お客様もいて、そこそこの成果は出している。しかし、毎月数字を追いかけないといけないことに疲労を感じているし、将来を考えると「このままでいいのかな」といった不安もある。ニコニコしていて人当たりはいいが、その分お客様からよく呼び出されるため、時間を取られることも多い。それが、「そこそこタイプ」の営業マンです。

おそらく、営業マンにはこのタイプが一番多く、全体の6割程度を占めるのではないでしょうか。

うまくいっていないわけではないけれど、幸せを感じてもいない。もやもやしたものを抱えたまま営業を続けているのではないかと思います。

このタイプにありがちな特徴としては、他にも次のようなものが挙げられます。

【そこそこタイプの特徴】

- **人当たりがいいので、紹介もそれなりにいただける。**
- **接待や頼まれ事が多く、嫌なことを「嫌」と言えない。誘いがあると断れない。**

・営業として、言うべきことが言えない。
・面談の時間が長く、回数も多くなりがち。
・お客様に呼ばれると、土日であってもすぐに行く。
・転職を繰り返しても、大して条件は変わっていない。
・セミナーやビジネス本にはいろいろ手を出してはいるものの、実行に移さない。
・口癖は「なるほどね」「ためになった」。
・中途半端な自己投資で、あまり結果が出ない。
・セミナー営業に挑戦するもののあまりうまく行かないため、お金を掛けてまでしたいとも思わない。
・口では「お客様のために」と言うが、本心から思っているわけではない。
・給与面は、「生活はできているけれど楽ではない」というレベル。
・仕事に追われて、家族や友人と一緒に過ごす時間はあまり取れていない。

このタイプがうまくいかない原因は、自分の人生において叶えたい願望や信念がないことです。「営業という仕事を通して、これを成し遂げたい」というものがない。強い意志を持てないまま、漫然と営業を続けている状態にあります。

また、「そこそこタイプ」は、いい人でいることが存在価値となっていますから、たとえ成果に影響してくるとわかっていても言うべきことを言えません。

本当にお客様のためを思えば「今契約されなくて大丈夫ですか？」と言わなければならない場面もあります。しかし、このタイプは「嫌われないこと」が最優先。ですから、まず言わないでしょう。

一方で、社内の人には「お客様のためを思って」という言葉をよく言ったりします。

例えば「なんでこの案件、決めてこなかったの？」「もうちょっと押さなかったの？」と言われると、「いえ、私はこれを売ることがお客様のためになるとは思っていませんから」と言ったりします。「お客様のため」という言葉を、自分の都合の良いように使っているだけです。

「そこそこタイプ」は、仕事に信念を持っていないので、嫌われない自分でいることが一番大事。口では「お客様のため」と言いつつ、結局は自分のことしか考えていないのです。

それに、なんでもほどほど・そこそこにする習慣がついていますから、「良いらしい」

と聞くと、何にでもあれこれ手は出します。しかし、一つのことをやり遂げることができないので、いつまで経っても自信がつきません。

一見、「ダメダメタイプ」よりマシなように見える「そこそこタイプ」ですが、本質的なところの差はあまりありません。「そこそこタイプ」も自己概念が低い人が多いですから。

「そこそこタイプ」の苦しみは、「今の状況から脱したい」と思う自分と、「今が楽だからそのままでいいか」と感じる自分が、ずっと葛藤しているところにあります。

今のままだと将来を見通せなくて、「このままでいいのだろうか？」と不安になるけれど、どうしたらいいかわからないし、動き出すこともできません。そのため、いつまで経っても満足感も達成感も得られない。ある意味では、ものすごく不幸な状態です。

少しきつい言い方になりますが、このタイプの人は貢献に酔いしれているだけ。「人の役に立っている」「私は良い人」ということに酔っています。だから、現実の自分に焦点を当てるのが怖い。「うまくいっていない理由は自分にある」と見つめることができないのです。

この問題を解決するためには、「自分」という軸を作る必要があります。それは簡単なことではないので、なかなか変わるのが難しいタイプでもあります。しかし、このままにしておくと、将来「あの時、本当はああしておけばよかった……」と後悔するでしょう。そんな人生はつらいと思いませんか？

このタイプは、まず自分の一番叶えたい願望や信念をしっかり持たなければなりません。これらをゴールとして、それに向けて目標を立て、目標を一つひとつクリアしていく必要があります。なぜなら、自分が設定したゴール（願望や信念）に一歩一歩近づいていくことで、自信を形成することができるからです。

例えば、マラソンもゴールがないままに、延々と「走れ」と言われると、とても続けられないと思いませんか？　マラソンは、「42.195キロ走れば終わる」という明確なゴールがあるから走れますし、走り切ったことで自信が付きます。仕事も同じです。

自分が叶えたいことを設定して、それに向かって頑張っていかなければ、どれだけ働いても達成感を得られませんし、自信も付きません。

反対に、自分でゴールを決め、それに向かって着実に努力をしていくことで、自信も付きますし、あなたが望む姿と成果がきちんと手に入ります。

そのための方法を、61ページからでお伝えするので、ぜひ取り組んでみてください。


「そこそこタイプ」は、まず自分が叶えたい願望や信念（ゴール）を設定しよう。それを叶えるために目標を立て、クリアしていくことで、自分が望む未来と自信を手に入れよう。

【その3】数字がすべての「イケイケタイプ」

成績が良く、数字を追っていくのも苦しくない。会社でも主任や課長クラスで出世も早い。自信があって、パリッとしたスーツと良い腕時計をして、いつもビシッと決まっている。人当たりが良く、異業種交流会などにも積極的に参加している。しかし、部下や後輩には高圧的で、怖がられている。それが、「イケイケタイプ」です。

このタイプは、とにかく仕事はできる！ そこは間違いありません。きっちり結果も出します。知り合いも多いですから、飲み会なども多い。自分はそれなりに人望があると思っている人もいるかもしれません。

このタイプにありがちな特徴としては、他にも次のようなものが挙げられます。

【イケイケタイプの特徴】

・成績が良く、保険の営業マンであれば、MDRTに入れる程度の売上を上げている（推定年収一千万円）。
・外車や良い腕時計を持っている。
・パリッとしたブランドスーツやオーダースーツを着ていて、胸にポケットチーフが刺さっていることが多い。
・言動にそつがない。
・自信があるので、堂々した雰囲気を醸し出している。
・「お金を稼ぐぞ」という強い意志を持っている。
・お客様から「できる人」と思われている。

- **目先の損得（売上）しか見ていないので、長期的なプランを持っていない。**
- **口癖は「こんなの常識でしょう？」**
- **勉強会やセミナーなどにも行くが、「自分は、その程度はできている」と思っている（しかし、本質は理解できていない）。**
- **異性にモテる人が多い。**
- **後輩や部下の仕事ぶりに対して「やり方がぬるい」と思っている。**
- **マネジメントをしていると、人が辞めてしまう。**

どうですか？　あなたの周りにもいませんか？　仕事はできるけれどいけすかないヤツ。本書の漫画で言うと、主人公・持田勇気さんの直属の上司、剛田主任がこのタイプです。同じように、仕事ができて結果も出しているけれど、周囲から慕われている大平笑美さんはまったく違う人柄として描かれていますよね。

「イケイケタイプ」は、一見仕事もプライベートもうまく行っているように見えます。おそらく、本人もそう思っているでしょう。

しかし、このタイプは、お客様のことを「お金」として見ている人が多いです。ですから、紹介のこともお金がどんどん入ってくる「チャリンチャリンシステム」のように思っています。

そして、お金や数字を物事の判断基準にしているため、稼いでいる自分は偉くて、稼げてない人は「ダメな人」だと思っています。その結果、「なんでこれくらいのことができないんだろう」と、周囲の人間のことも見下したような態度になり、自然と高圧的な物言いになってしまうのです。

しかし、このような考え方や言動を続けていると、必ず転ぶ時が来ます。

「イケイケタイプ」は、「お金を稼ぐ！」という意志の強さだけで成績を出しています。そのため、今この瞬間は成績が良いかもしれませんが、ずっとは続きません。

物事は良いことばかり続くわけではないので、上がったり下がったりを繰り返しながらも、緩やかな曲線でだんだんと上がっていく人生が理想的です。しかし、このタイプは、急上昇ジェットコースター型になりがち。成績が良くてどんどん出世していくのですが、急上昇な分、落ちる時も急降下です。どこまでも落ちていって、下手したらそのまま地獄まで真っ逆さまになりかねません。人望があれば、落ちきる前に手を貸してくれる人が出てくるのですが、人を大事にしてきていないため、いざという時に助けてくれる人がいない可能性もあります。

また、ある程度出世しても、そこで頭打ちになってしまう人もいます。このタイプは、成績が良いため、「自分は結果出していますけど、何か文句ありますか？」という態度になりやすく、会社からすると扱いにくい存在です。そのため、同じくらいの営業成績の人が２人いて、「どちらかを部長にしよう」となった時には選ばれないことが多いです。会社としては、人柄が良い人の方が扱いやすいからです。

このタイプの人は、基本的にはうまくいっているので、別に今、何かに苦しんでいるわけではありません。ただ、本当の仲間がいないので、どこか孤独感を感じています。

そして、高価なものを買ったり、人に奢ったりすることで自分を良く見せようとする傾向にある。見栄っ張りであるため、自分が成長することに投資をするのではなく、「自分が良くなっているように見せること」にお金を使っています。

また、成績が良いので「どうせすぐ取り戻せる」と考え、意外と借金している人が多い

（数億円稼いでいたような人が急に借金だらけになるのは、このせいでしょう）。
そして、常に他人と比較しているので、いつまで経っても現状に満足することができません。

結局、「イケイケタイプ」も本質的な意味では自信がないのです。だから、高価なものの力を借りて、自分を大きく、良く見せようとする。着飾るものや持ち物で、自己概念を上げようとしているだけです。

高価なものを買うことで自分を満たそうとしますが、買った時の高揚感や手に入れた時の優越感は短期的なもの。本質的には満たされません。

そして、自信がないからすぐに他人と比較して安心感を得ようとします。その際の評価基準はお金や数字だから、自分より成績が悪い人を見下してしまいます。

そんな考え方ですから、このタイプは、家庭がうまくいっていないことが多いです。離婚していたり、家族と不仲になっていたりすることが多く、いざという時に支えてもらえません。

こうなってしまう原因は、人への感謝や貢献の気持ちが不足していることにあります。「困っている人たちを救うんだ」「人の役に立ちたい！」といった信念や願望がなく、すべてが「自分のため」や「お金のため」になっているからです。

そして、自覚がありませんから、今この本を読んでいる瞬間も「自分はイケイケタイプのようにはならないから大丈夫」「偉そうに、お前に何がわかる！」と思っているかもしれません。

ここまで「イケイケタイプ」に対して辛辣なことを言うのは、私も以前はこのタイプの典型だったからです。

就職した当初こそは「ダメダメタイプ」だった私ですが、営業のコツを掴んでからはどんどん成績を伸ばしていきました。年収一千万円を目標に掲げ、転職を重ねながら収入を上げていき、最後に転職したファイナンシャルプランナーの事務所でついに目標を達成。27歳にして年収一千万円になりました。

そのころの私は、絵に描いたような「イケイケタイプ」。良いスーツを着て、外車を買い、会社の人たちのことを「こんなこともできないなんて、お前らみんな馬鹿だな」と思っていました。ですから、後輩の指導を任されても、怒鳴る、罰するは当たり前。非常に高圧的な指導になっていました。われながら酷い上司です……。そんな状態でしたから、後輩から心から慕われてはいなかったのではないかと思います。

そんな自分に気が付いたのは、うまくいかなくなってからです。収入が4分の1までガタ落ちしてどん底に落ち、「何でなんだろう」と繰り返し自問自答した時に、ようやく自覚しました。

そう。「イケイケタイプ」は痛みを味わわないと、そのままではダメなことに気が付かないのが最大の問題なのです。

ですから、これは「警告」です。

もしあなたが「イケイケタイプ」かもしれないと感じるなら、考えてみてください。

あなたは今、本当に周りの人と良好な関係を築けていますか？

お金を稼いでいるだけの状態が、本当に成功と言えると思いますか？

うまくいっているようで、実は頭打ちを感じていませんか？

今はお金で自分が満たされているかもしれませんが、そのお金がなくなったときに空虚感に襲われたりしませんか？

お金がなくなったあなたに、人はついてきますか？

自分の抱える問題を自覚することができれば、「イケイケタイプ」も変わることができます。

能力は高い方々ですから、「どうしたらいいか」「どうすれば周囲の人に喜んでもらうことができるか」を考える力は持っているはずです。「誰のためにこの仕事をするのか」という使命を見つけられたら、きっと今よりももっと大きく飛躍できることでしょう。

ドキッとした方はぜひ、この本を読み進めて本当に幸せな営業マンとはどのような人か、確かめてください。

「イケイケタイプ」は、「誰に貢献するか」「仕事を通して、誰を助けるのか」といった信念を持つことで、仕事や人生における価値基準を変革させよう。

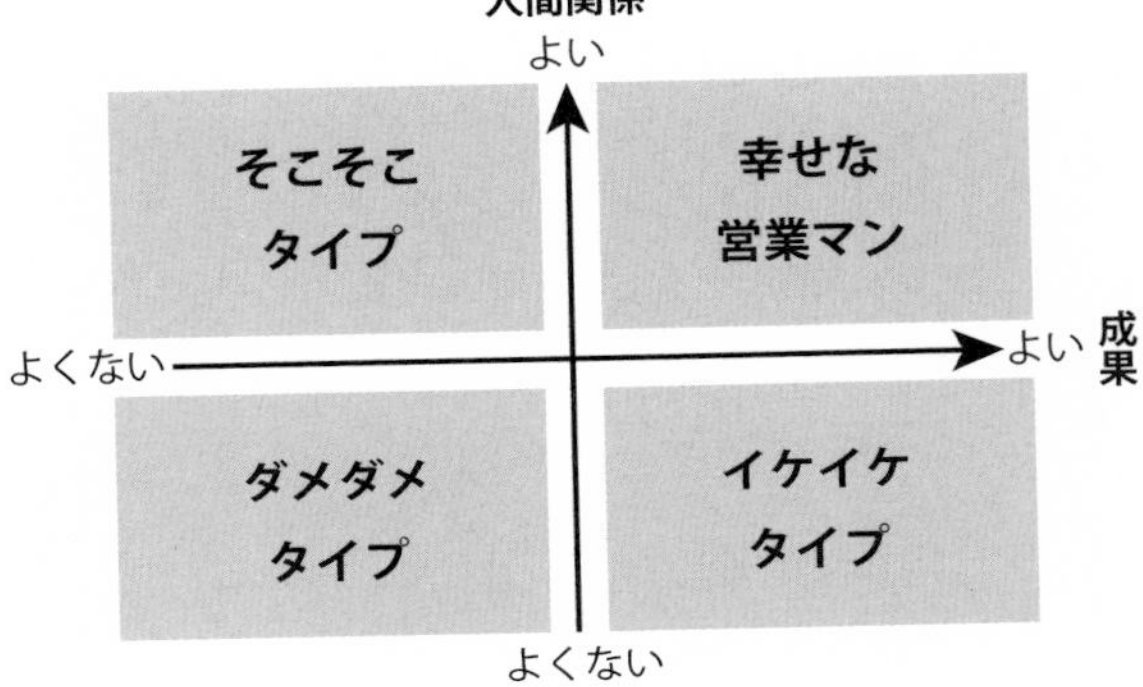

これらのタイプは、4つのグリッドで分けて考えるとわかりやすいです。

縦軸を人間関係、横軸を成果とした時に、次のような図になります。

成果も人間関係もうまくいっていない人は左下。これは「ダメダメタイプ」です。

成果は上がっていないけれど、人間関係はうまくいっている人は左上。これは「そこそこタイプ」。日本人に一番多いタイプですね。

「イケイケタイプ」は右下。成果は出ているけれど人間関係がうまくいっていない人になります。

私たちが目指したい「幸せな営業マン」は、右上。成果も出ていて、人間関係も良い人です。あなたはどのタイプでしたか？　次の章からは、幸せな営業マンになるために必要なことをお伝えします。

2

ルール❶

幸せな営業マンは自信を持っている

僕 本当に契約が取れなくて…
紹介してもらっても先方は全然乗り気じゃなかったり
飲みに付き合わされるばかりで契約までたどり着かなかったり
そうなるとうちは歩合制だからお金もあんまりなくて…
自分なりに本を読んだりセミナーに行ったりもしてるんですが…
全然うまくいかなくて…
そうですね…
んー…
持田さんは何のために保険営業の仕事をしてますか？
何のため…？
ぽかん
はい
「誰の役に立ちたいのか」とか「何のためにお金を稼ぎたいのか」とか…

「誰の役に立ちたいのか」…
今のお話を聞く限り
カチャ
持田さんは営業をしていく上で
大切な2つのものが欠けているのではないかなと感じます
たっ大切なものが足りないなんて
足りない…2つ…
やっぱり僕には営業なんて…
ズーン
いやいや大丈夫だから!
コホン

まず持田さんに足りないのは「自信」です
今自信って何%くらい持っていますか？
ぎし ぎし ぎし
20%も持ってないと思います
大丈夫！持田さんはきっといい営業マンになるから自信持って！
やっぱり無理ですよ…僕なんて…
また「僕なんて」って言いましたよ！
じゃあ私と持田さん
どっちが自信を持っていると思いますか？
それはもちろん笑美先輩です！
じゃあ

自信を持っている
私の言うことを
信じてください
…？…え…
あ…はい…
持田さんは
いい営業マンに
なりますよ
大丈夫 私の言う
ことを信じるって
約束しましたよね？
パァーー
自信なんか
持てないよーー！
そう…
ですけど…
約束
したけど…

なぜ営業マンには「自信」が必要なのか

自信がないとすべてが怖い

今、あなたは自信を持っていますか？　100%で言えば、何%程度の自信がありますか？

自信を持てないと、仕事に限らず物事はうまくいきません。「ダメダメタイプ」の解説でも少し触れましたが、自信がないとすべてを怖く感じてしまいます。だから、営業マンが自信を持つことはとても大切なのです。

例えば、

「検討します」

「少し、考えますね」

このセリフは、営業をしているとよくお客様から言われる言葉です。この言葉を、

「このセリフ、嫌いなんだよね……」

「ただの断り文句じゃないの?」

と感じる方は、あまり自信を持っていないのではないでしょうか。なぜなら、これは別に断り文句ではないからです。

お客様の「検討します」「考えます」という言葉は、言い換えれば「あなたの勧める商品を買う意味を教えてください」と言っているだけです。「私には、まだその商品やサービスを買う理由がはっきりと見つかっていませんよ」と言われたに過ぎません。だって、お客様は「検討する」と言っているわけですから。

ですから、もしお客様に「検討します」「考えます」と言われたら、営業マンは「何をご検討されますか?」「どの点をお悩みですか?」と聞かなければなりません。その際に、買う・買わないは置いておいて構いません。決め手がない理由を聞くだけです。

もしそのように尋ねた結果、「他社と検討しようと思って……」と言われたら、どこの会社と比べたいのか、何を検討しようとしているかを聞きましょう。値段なのか、スペックなのか、商品のバリエーションなのか。お客様が気になっている点がわかれば、その場で解決できる可能性も出てきます。

しかし、「検討します」と言われたことを、「断られた」と思い込んでしまう営業マンは少なくありません。中には、自分から「ご検討くださいね」と言って、結論を出さずに帰ってしまう人もいます。これらの行動はすべて、自信のなさが引き起こしています。

こういった人は、上司に「今日のお客様、どうだった?」と聞かれても、『検討する』と言われました」と報告はするものの、その後お客様を追いかけもしません。連絡を来るのを待っているだけ。そして、「連絡が来なかったから、ダメだったみたい」と思い込んでしまうのです。

本来であれば、「ご検討いただいた上で、改めてお話するお時間をください」と言うべきですが、次の面談の予約を入れる勇気もありません。「面談をお願いしても、結局は断られてしまうのではないか」と思うからです。そして、売上は上がらず、「やっぱり自分はダメなんだ……」と落ち込んでしまうのです。

自信がないと、紹介も上手くいきません。

自信がない人は、大体売上も良くありませんから、紹介も自然には出てきません。そのため、「1人でもいいので、どうか紹介していただけませんか？」といった「お願い営業」になってしまうことが多いのではないでしょうか。気持ちはわかりますが、「お願い営業」はあまり紹介の質が良くないのでお勧めしません。

逆の立場になって考えてみてください。「誰か紹介してください！」と頼まれたら、面倒くさくないですか？　面倒くさいですよね。だから、「わかった、わかった。とりあえず連絡しとくから行ってみなよ」という「とりあえず」の紹介になってしまうのも当然です。

そうなると、紹介された人も「〇〇さんから言われたからとりあえず話は聞くけど、何も買うつもりはないよ。それでもいい？」となります。面倒くさい感、満載です。

それでなくても、自信がない人にとっては、このような状態から成約に持っていくのはものすごくハードルが高いこと。結局は成約につなげることができず、また自信を失ってしまうのです。

このように、自信がないことが原因で、成約まで話が持ち込めなかったり質の悪い紹介しかしていただけなかったりします。すごくもったいないと思いませんか？

しかも、その思考回路だと、テクニックやノウハウをいくら詰め込んでもなかなかうまくいきません。自信がなくて良いことなんて一つもないのです。

お客様は、自信がある人から買う

「営業マンは自信を持つ必要がある」というのには、もう一つ理由があります。なぜなら、お客様は自信がある人から買うからです。

営業マンは、お客様は商品を買うと思っている方が多いのですが、実はお客様は「人」から買っています。だから、自信がある人の方がよく売れます。一見自信がありそうに見える「イケイケタイプ」の成績が良いのもそのせいです。

保険で考えてみてください。「医療保険に入りたい！」と思っているお客様は、最初から「ほけんの窓口」のようないろいろな商品を比較できるところに行きます。より安いもの、より条件の良いものを探そうとするからです。

しかし、商品比較で勝負しようと思うと、価格競争になってしまうため、大手には絶対勝てません。

ですから、営業マンは、「自分」を売っていかなければなりません。

「この人だったら信用できそうだ」

「ここまできちんと説明してくれたから、この人からなら買っても大丈夫だろう」

と思っていただく必要があるのです。

そうであるにも関わらず、営業マンが自信のない人だったらどうでしょうか？

言うべきことを言ってくれず、決め手がないから悩んでいるのに「ご検討くださいね」と言って帰ってしまう。そうなると、お客様が「じゃあ、今はいいか」「もうちょっと他と検討してからにしよう」となってしまうのも当然です。安心して購入していただくためにも、絶対に自信は必要なのです。


自信を持つことは、営業マンにとってもお客様にとっても必要なことだとお分かりいただけたのではないでしょうか。

「自信を持つこと」は「自分を信頼すること」です。「私は大丈夫。きっとできる」と自分で自分を信じてあげる。それがとても重要なのです。

とはいえ、自信がない人は「成果が出せないから、自分を信頼できないんだよ！」とぐるぐる思い悩んでいると思います。それはおっしゃる通りで、自分を信頼するためには、

成果を出すことも必要なことです。

自信と成果は相関関係にある

この章の冒頭で、「あなたは100%で言えば、何%程度の自信がありますか?」と尋ねました。あなたは、何%だと考えましたか?

あなたの考えた数値が、自分で「低い」と感じる数値だったとします。では反対に、何%だったら「自信がある」と思えますか?「80%」と答える人もいれば、「100%」と答える人もいるかもしれません。

では、今、あなたは「100%、自信を持っている」と考えてみてください。その状態だったとしたら、目の前の状況はどのように変わっていると思いますか?

お客様がニコニコしている。

お客様に頼りにされている。

そのような風景が浮かぶのではないでしょうか。

次に、そのお客様たちは、あなたに会うとどのような言葉をくれると思いますか?

保険の営業マンであれば「保険に入っていて良かったよ。勧めてくれてありがとう」なんて言葉をもらえる様子を想像したのではないでしょうか。車の営業マンだったら、「買って良かった！　毎日の通勤が楽しくなったよ」といった言葉かもしれません。

その言葉をもらうことができたら、あなたはもっと自信が付きませんか？　きっと付きますよね。そして、その状態になっているならば、必ず売上にも結び付いているはずです。

このように、成果を出す・売上を達成することは、自信形成と相関関係にあるのです。

大丈夫。今のあなたは、ちょっとしたボタンの掛け違いで、うまく成果が出せなくなっているだけです。正しくボタンを掛けられるようになったら、間違いなく成果は出ます。

そのための方法は、私がお教えします。だから、もしご自身のことが信じられないのであれば、どうぞ私のことを信じてください。

目標を立てると自信がつく

自信のない人が、自信を持てるようになるためには、「目標」の設定が必要になります。

これは、自信がない人だけでなく、達成感を得られず、もやもやしている人にも有効な方法です。

自信がない人の大半はおそらく、目標を設定しないまま日々の仕事をこなしているだけの人が多いのではないでしょうか。もしくは、目の前の数値目標に追われているだけかもしれません。そうであれば、どれだけ仕事をしても自信が持てないのも仕方がありません。また、自信がない人は「自信をつけるためには大きな成果を上げなければならない」と思っているのではないかと思います。しかし、自信の形成に大きな成果は必要ありません。ゴールを決めて、そこに向かって一歩一歩のステップを積み重ねれば良いのです。そのステップに当たるのが目標です。

まずは、ゴールとして「この仕事を通してあなたが一番叶えたいこと・一番手に入れたいもの」を明確にします。

「一番叶えたいこと・一番手に入れたいもの」の見つけ方は、第4章で詳しくお伝えするので、ここでは話を進めていくために、仮の設定をしましょう。

あなたが保険の営業マンだとします。保険の営業は、「しっかり保険に入っていただくことでお客様のためになる・役に立つ」というのが大前提にありますので、ここではそれをゴールとして設定します。

ゴールを10とした場合、一足飛びに10にたどり着くのは大変ですし、難しいものです。ですから、「10（ゴール）に辿り着くためには何をしなければならないか」を考え、9、8、7、6、5……と逆算してステップ（目標）を決めていきます。

そうすると、最初に目指すのは1です。1ができるようになったら、次は2。2をクリアしたら3。そのようにして、一つひとつステップ（目標）をクリアして行けば、確実にゴールにたどり着く姿が見えてきませんか？　これを積み重ねていくことが、自信の形成になるのです。

同じ10個の目標だとしても、ゴールがないままに「目標を10個達成してね」と上司に言われたらつらいはずです。誰だって「一つずつやらせてください」と言いたくなるのではないでしょうか。

また、ゴールが決まらないままに目の前のことを闇雲にクリアしていくのと、ゴールが見えていて、そこに向かって一つクリアしていくのであれば、どちらの方がゴールに近づいていると実感できると思いますか？　当然、後者ですよね。

一つひとつ目標をクリアしてゴールが近づいてきたら、「ちゃんとできている」という自信が付くはずです。しかも、ステップ9までたどり着くことができたら、ゴールに設定していたことが、ほぼ叶った状態にあると感じるのではないかと思います。

仮に、今のあなたの自信が、本書の漫画の主人公・持田さんと同じく20％だったとしましょう。目標を立てて一歩進んだら、5％自信が育まれるとします。

では、自信が25％になったあなたと20％のままのあなたでは、お客様に接する時の笑顔や表情はどのように違うでしょうか。25％のあなたの方が良い笑顔をしていると思いませんか？

60％になった自分と、20％の自分ではどうでしょうか。もちろん、60％のあなたの方が良い笑顔をしていますよね。きっと話し方や立ち居振る舞いも違っていることでしょう。ゴールに設定した自分にかなり近づいているのではないでしょうか。

このように、自信を形成していくことで、あなたの望む姿と数値がきちんと手に入るのです。

同じ一歩なら、どこに向かっているかわからない闇雲な一歩ではなく、向かう先を見据えた一歩を踏み出していくことが大事です。そのことをお分かりいただけたのではないかと思います。

自信を作るためにも必要な「ゴール」とは

自信を付けるには、ゴールを設定して目標を立てる必要がある。そして、そのゴールは「あなたが一番叶えたいこと・一番手に入れたいもの」を設定しましょう、とお話しました。

実はこのゴールが、自信を付けていく上でも、そして幸せな営業マンになる上でも、何よりも重要になります。

これは、「なぜ、自分はこの仕事をしているのか」という核の部分に当たるからです。

あなたが今の仕事を通して、どのように自己実現しようとしているのかを表しているのです。

もちろん、例えば同じ保険の営業マンだったとしても、なぜその仕事に就いたのかは、人それぞれです。

「保険は、人の人生を助ける良い商品だから」
「自分が病気をした時に、保険に入っていて良かったと心から思った経験をしたから」

という人もいれば、

「保険の営業は営業の中でも歩合の率が高いから、稼げると思った」
「営業しかできないから、営業の仕事を探していて見つけた」

という人もいるでしょう。

特に後者の場合、「この仕事を通してあなたが一番叶えたいこと・一番手に入れたいものを考えてみてください」と尋ねても、簡単には出てこないかもしれません。

もし、考えても出てこないのであれば、5年後、10年後にどのような人になっていたいかを自由にイメージしてみてください。家族や周囲の人たち、お客様は、どんな笑顔を浮かべているか……。そう考えてみるとどうでしょうか。そのように考えると、きっと「ただお金を稼げてさえいればいい。一人で贅沢できていればいい」「10年後もなんとなく営業を続けていて、相変わらずお客様に相手にされていない」といった姿は想像しないのではないかと思います。

もし、「お金を稼いでいる自分になっていたい」と挙げた人であったとしても、その裏側には、「家族が笑顔で暮らせるように」「両親に楽をさせてあげたい」など、叶えたい思いをきっと何か持っているはずです。

営業は決して楽な仕事ではありません。にも関わらず、あなたが営業を仕事に選んでいるには、生い立ちであったり原体験であったり、何かしら意味や理由があります。もし、それがないのであれば、あなたはきっともう営業の仕事を辞めているに違いありません。

その理由に当たるのが、保険という商品だからなのか、営業という仕事だからなのかは人それぞれですが、その理由を追求していくことで、

「だから、自分は営業の仕事に就いているんだ！」
「だから、自分は保険の営業をしているんだ！」

と思えることがきっと見つかります。その理由が「この仕事を通してあなたが一番叶えたいこと・一番手に入れたいもの」。自己実現しようとしていることなのです。

もし、あなたが今の仕事や会社を通して、成長できると感じる要素や自己実現できると思えるものがないのであれば、きっとその仕事や会社をいつまでも続けられないでしょう。

一方で、その仕事を「自分の人生において意味があるものだ」と思えれば、続けられるはずです。

「なんだか急にスケールの大きな話になったなぁ」と感じる方もいるかもしれません。しかし、この「仕事を通してあなたが一番叶えたいこと・一番手に入れたいもの」は幸せな

営業マンになる上でも絶対に欠かせないものなのです。

私はこれを「使命」と呼んでいます。「信念」や「理念」という言葉に置き換えてもいいでしょう。

自分のことを見つめ、使命を考えていくのは簡単ではありません。一生、考え続けなければならないことです。考え続けることで、使命はより鮮明になっていきます。その結果、自分の人生がとても明確なものになるのです。

3

ルール❷

幸せな営業マンは「使命」を持っている

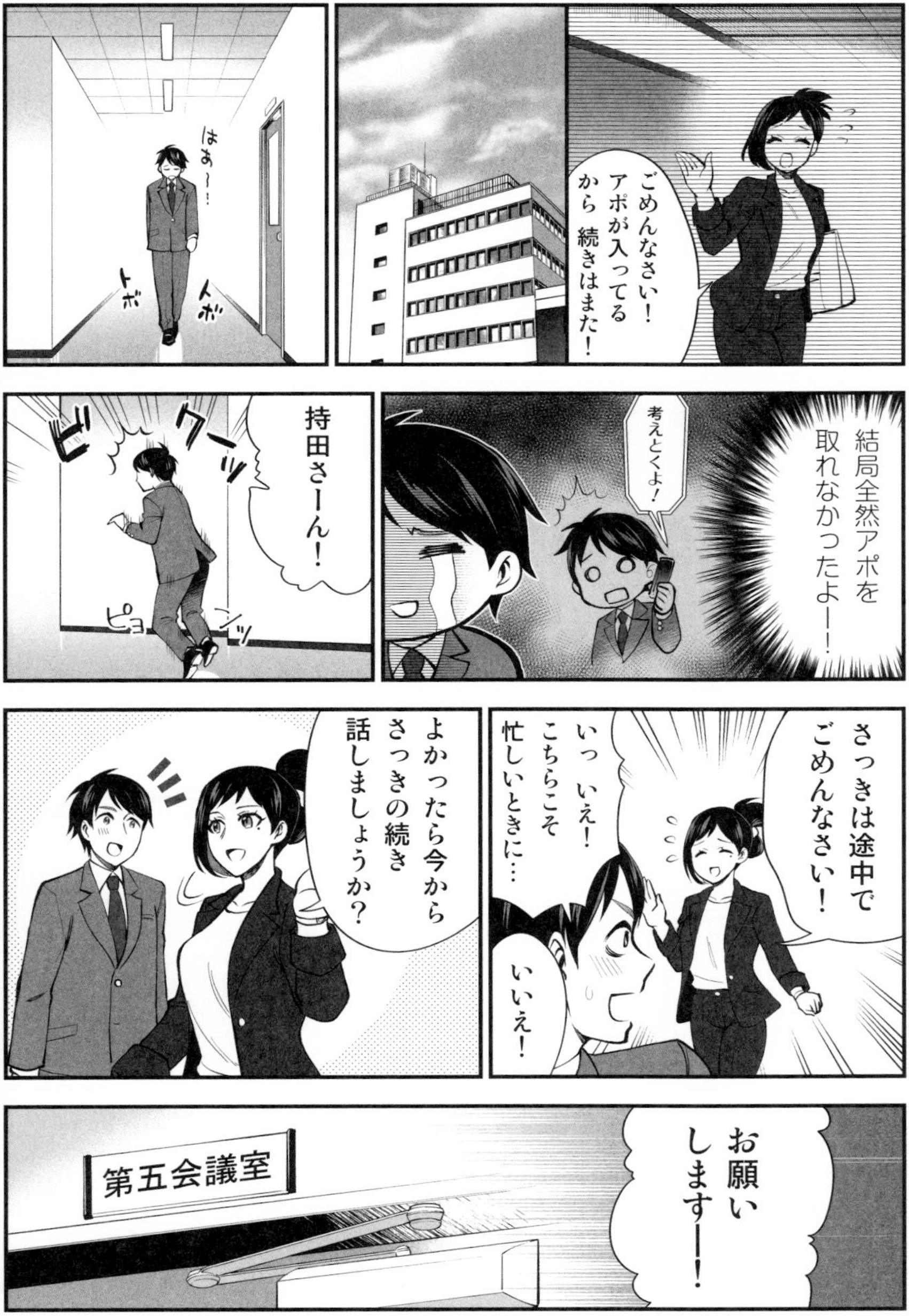
ごめんなさい！
アポが入ってるから 続きはまた！
はあ～…
トボ
トボ
結局全然アポを取れなかったよー！
考えとくよ！
ビクーッ
持田さーん！
ピョ
ンッ
さっきは途中でごめんなさい！
いっ いえ！
こちらこそ忙しいときに…
いいえ！
よかったら今から
さっきの続き
話しましょうか？
お願いします――！
第五会議室

昼間はまず「自信が大事」と言いましたが…
カッカッ
カッカッ
自信
もう一つ大切なものがあって…
それは使命です!
自信
+
使命
キュッ
使命?
いい営業マン…「幸せな営業マン」になるには　とても大切なことなんですよ
幸せな…
営業マン…
これがないと誰に何を伝えるべきかそれがブレてしまってうまくいかなくなってしまうんです
A
or
B
A
+
B
使命なんて考えたことなかったです…
笑美先輩の使命は何ですか?

私の使命は「頑張る女性を応援すること」
女性は結婚や出産で大きく人生が変わるし
独身で老後の不安を感じている女性もいます
彼女たちがどんな人生を選んでも安心できるようサポートしたいんです
その使命があるから誰に何を話せばいいかもはっきりしてるし
プランA
プランB
不安を解消する方法を知っているから自信をもってお伝えできるんですよ
そうか！ だから笑美先輩は女性向けのマナーセミナーも開いているんですね！
そうそう！
うーん うーん
考えたこともなかったです… 僕の使命ってなんだろう…
ズゥゥゥ
うーん…
まぁまぁ

まずは何のために この仕事をしているか 考えてみては？
入社しようと 思った理由も あるはずだし
最初は 「頑張って働いて 両親を楽させて あげたい」とかでも いいんですよ
そんな理由でも いいんですか？
もちろん
「稼げればなんでも いい」っていう 営業マンより 信頼できると 思いませんか？
にこっ
たしかに…！
お客様もそんな人が いいですよね…！
使命のこと
自信
＋
使命
考えてみて下さいね

「使命」が見つかると人生が変わる

とりあえずで就職した新入社員時代

幸せな営業マンになる上で、絶対に欠かせないものは「使命」だと言いました。それはなぜかをお分かりいただくためにも、私自身が、使命を持つ前と持った後でどのように変わったかを話したいと思います。少し長くなりますがお付き合いください。

「はじめに」にも書きましたが、私の最初の就職は19歳の時。太陽光発電の訪問営業でした。その会社を選んだのにも、営業職を選んだのにも、大した理由はありません。

私の両親は、私が幼い頃に離婚して、そこからずっと母一人子一人の生活でした。母は、家業を継いで商売をしていたのですが、失敗して借金を抱えていたためお金には苦労してきました。

私は高校生になる頃には「調理師になりたい」と考えていたのですが、経済的な理由で調理専科のある高校に行くのは困難でした。ただ、サラリーマンになることにあまり関心がなかったこともあり、「いずれ自分で何か商売をするのであれば」と、商業高校に進みます。高校では進学クラスに入り、大学進学を目指していました。しかし、大学入試2週間前に母から「経済的に厳しい。大学は諦めてほしい」と言われます。そこから就職するにしても、時はすでに卒業目前。学校側も「急に言われても……」といった感じで、とても頼れる状態ではありませんでした。

家には借金があり、このタイミングでは就職も難しい。「たくさん働けば、フリーターでもどうにかなるだろう」と、高校卒業後はバイトを掛け持ちすることにします。

しかし、フリーターで生活費を稼ぎながら家の借金も返すのは大変で、半年ほどでどうにもならなくなりました。それで「とりあえずどこかに就職しよう！」と思って選んだのが営業です。「まあ、営業だったら僕にもできるだろう」という程度の軽い気持ちで選んだ仕事でした。

そうして入った会社は、今思うと完全にブラック企業。朝8時に出社して夜9時ごろにやっと会社に戻り、契約が取れていなければそこから1～2時間は社長からのお説教という毎日です。成績が悪いと土日も出なければならないような無言の圧力もありました。

当然、どんどん営業マンが入社してきては、すぐに辞めていきました。1年で何人辞めたかわかりません。40代や50代の人が「子どもが大学に行くから学費を稼がなくちゃ」と言って入社してきたのに3日で辞めてしまう、なんてこともざらでした。

私も全然結果が出せずに怒られ続ける毎日で、完全に自信を喪失し、「ダメダメタイプ」になっていきました。

こんな環境の中でも、私が仕事を辞めずに続けていたのは、単に辞めるに辞められなかったからです。母との暮らしを支えていたのは私でしたし、家の借金も返さなければなりませんでした。

また、当時の私には他の会社に移るのも怖いことでした。「こんなダメな自分を雇ってくれる会社なんて、他にあるとは思えない」という思考回路になっていたのです。だから、どんなにブラックな会社でも、そこで働くしかないと思っていました。

こんな調子ですから、当時はもちろん使命なんて持っていません。お給料をもらうためだけに働いていました。

そんな私に変化が訪れます。「ダメダメタイプ」の典型だった私が、入社1年半後に全社で売上1位になったのです。

そうなったきっかけは、他県に転勤させられたことでした。これは、営業成績が悪い社員に対する一種の肩たたき。大体の人が「転勤しろ」と言われたら辞めるからです。

しかし、お金が必要な上に転職する自信もなかった私は、辞めるわけにはいきません。絶対に地元に戻りたかった私は、

「何がなんでも結果を出して戻してもらうしかない！」

と一念発起したのです。

併せて、たまたま転勤先がニーズのあるエリアだったこともあり、相乗効果で営業成績が上がって全社1位になったというわけです。とはいえ、この時も特に使命を持っているわけでもなく、ただただ「成績を上げて地元に戻りたい」という一心でした。

意志を持って動くと、短期的にはきちんと結果が出る。当時を振り返るとそう思います。

しかし、この結果は意志の力による一時的なものですから、この時をピークに成績はまた下がっていきます。希望通り地元に戻れたこともあり、時間と共にパッションダウンを起こしてしまったのです。意志の力は、いつまでも続かないということですね。

ただ、一時的にとはいえ、全社1位を取ったことで自己概念は回復しました。

この会社では、商業高校で学んできた会計などの知識をまったく生かせていなかったため、次第に「税理士事務所に転職しよう」と考えるようになります。

やっと「ダメダメタイプ」のダメ人間思考から抜け出ることができる状態にまでなったのです。就職して2年たった21歳の時のことでした。

「ダメダメタイプ」から「イケイケタイプ」へ

その後、ハローワークを頼りに、税理士事務所を受験。本当は1人しか採用予定ではなかったそうなのですが、「面接の受け答えが良かった」「営業経験があるのがいい」という2点から、私は予定外の2人目の採用者として奇跡の合格を果たします。面接もある種の営業ですから、思わぬところで営業力が役に立ったと言えます。

その税理士事務所では、会社の社長たちを相手に、法人用の保険営業を担当していました。だんだん営業スキルが上がっていったのと、保険という商品との相性が良かったためでしょう、そこでの営業成績は良かったです。

その事務所で4年間働いた後は、引き抜かれて不動産会社に転職。まったく不動産に関する知識を持っていないのに「地上げに行ってこい」と言われ、よくわからぬまま地上げに行かされていました。

地上げといっても、ドラマで見るような悪質なものではなく、余った土地で畑を作っているような人に「良かったら、この土地売ってくれませんか?」と持ちかけるようなもの。その話の流れから、その方が持っている他の不動産物件の管理を任されることになったこともありました。結局、ここでも営業をしていたのです。

すると、今度は鍼灸院に引き抜かれます。別に、鍼灸師になろうとしたわけではありません。ここでも営業の担当です。

この鍼灸院で求められたのは、診療報酬の高い交通事故の患者を連れてくることでした。交通事故の患者さんは保険請求になるため、通常の健康保険の方よりも単価がとても高い。そこを広げていきたい、というのが鍼灸院の要望でした。

そこで私は、どうすれば希望の患者さんを呼んで来ることができるかを考えました。その結果、営業先に選んだのは車の販売・修理などを行う車屋さんと損害保険会社です。交通事故を起こしたり事故に遭ったりした人は、必ず車屋さんに連絡します。だから、車屋さんには「事故に遭った人を当院に紹介してください」とお願いすることにしました。

また、事故に関する治療の費用を出すのは損害保険会社なので、そちらには治療を認めてもらう必要がありました。この2つにアプローチすることで、事故に遭った方々を確実に自分の鍼灸院に呼んで治療しようとしたのです。

ところが、損害保険会社とその鍼灸院は、非常に関係性が悪い状態でした。保険での治療は、損害保険会社が認めない限りお金を出してもらえません。しかし、保険会社はあまりお金を出したくないものですから、鍼灸院に対しては大体「3カ月で治療を終わらせてほしい」といった依頼をします。一方、鍼灸院はお客さんに長く通ってほしいので「まだ掛かります。治療期間を延ばしてほしい」と言う。お互い譲らないため、関係性が悪化していったのです。

しかし、そのままにしていては成果が出せません。まずは損害保険会社との関係回復が必要と考え、あらゆるツテを伝って損害保険会社の支社長に会いに行きました。治療を認めてもらわなければならなかったからです。

時には、必要のない書類を持って行って「どうしても見ていただかなければならない書類がありまして……」と頼み込んで時間を取ってもらったりもしました。

あの手この手でお会いして、いろいろな話をした甲斐あって、ついには「君との話なら聞いてあげてもいい」と言っていただけるようになりました。その結果、その鍼灸院の交通事故の患者数は、私が入社する前の6倍にもなったのです。

そうこうしていると、今度はファイナンシャルプランナーの事務所に引き抜かれます。ここが最後の就職先になるのですが、ここには4年ほど在籍していました。

最初に転職してから5年。「ダメダメタイプ」から抜け出し、順調に営業力をつけていった私は、すっかり「イケイケタイプ」になっていました。

この頃も特に使命なんて考えたことはなく、とにかく目指すは年収一千万円！ どうすれば売上を上げられるか、自分の収入が上がるか、それしか考えていませんでした。それでも、「年収一千万円になる！」という思いが強かったこともあり、この事務所に入って1年ほどで目標年収を達成します。

年収が格段に上がったことで生活に余裕が出て、外車を購入したり、高いスーツや時計を買い漁ったりしたのもこの頃です。

「年収も上がったし、お客様に会う仕事だし、良いものを着ておかないと格好つかないよね」なんて思っていました。今は、別に量販店の服を着ていても成績は上がると知っているので、本当に馬鹿馬鹿しいことをしていたなと思います。当時は、そうすることで自分のステータスが上がった気になっていたんですね。

母との確執と年収一千万円からの転落

さて、ここからは、プライベートの話になります。仕事とは関係がなさそうに思うかもしれませんが、私の意識を変えた大きな出来事なのでぜひ聞いてください。

年収一千万円になった頃、妻と出会って結婚する話になります。しかし、母にそのことを報告したところ、なぜか大反対されたのです。

理由を尋ねても、母は「わからない」と言うばかり。「とにかく反対」の一点張りです。どうにか許しを得ようと思って毎月妻と母を会わせる食事会を開くのですが、取り付く島もない状態です。私は妻と結婚する意志が固かったので、結婚式の日取りを決めてしまえば母も折れるだろうと思い、勝手に日程を決めてしまいました。すると、母にこう言い捨てられたのです。

「私はあんたに捨てられるんやな」

私は、悲しさと怒りで訳が分からなくなりました。

私はそれまで、給料のほとんどを家に入れて、借金の返済や母との生活費に充ててきたのです。あれほど働いたのに、年収一千万円になるまでほとんど自分のためにお金を使ったことがありませんでした。それはひとえに、一人で私を育ててくれた母を楽にさせたかった、助けたかったからに他なりません。

なのに、母は私の結婚を喜んでくれないどころか、「捨てられる」と言う。信じられませんでした。当然、大喧嘩です。

私は激情に任せて、母に向かって、

「なんでそんなこと言われないといけないんだ！」

「いつまで僕の人生の邪魔をするんだ！」

「足を引っ張らないでくれ」

「もう、それぞれの人生を歩んだらいいじゃないか」

などと言い放ち、そのまま母とは絶縁状態になってしまいました。結局、母は結婚式にも出てくれませんでした。

母とは絶縁したままでしたが、長年「母のために」と働いてきた私は、結婚したことでようやく自分のために生きている実感も出てきました。そんな時に状況が激変します。あっという間に成績が落ちて、年収が４分の１程度になってしまったのです。なぜそんなことになったのか、当時はまったく原因が分かりませんでした。

今思うと、目標としていた年収一千万円を実現し、実家の借金はほぼ返し終わり、結婚して家庭を持つことができたことで、パッションダウンを起こしてしまったのではないでしょうか。それまで「僕が頑張らないと！」と張り詰めていた気持ちがなくなってしまったのだと思います。

そして、もう一つの理由は、母と絶縁したことでしょう。

一見、仕事と関係なさそうですが、身近な人間との関係性は日常の言動に現れるのだと今ならわかります。一番身近な人間を大事にできない人間が、いくら「お客様の幸せが第一です」と言ったところで、遠い存在であるお客様を大切にできる訳がありません。結局、飾った言葉にしかならないから、上っ面だけの対応になっていることをお客様に見透かされていたのではないでしょうか。その頃は、全然紹介をいただけませんでした。

本当に焦りました。何が悪いか分からないけれど、成績はどんどん落ちていく。見栄を張って買った外車のローンはまだまだ残っている。しかも、妻は第一子を妊娠中でした。

妻も不安だったに違いありませんが、「大丈夫よ、出産すれば私も働けばいいんだから」と励ましてくれました。その言葉に何度も救われましたが、現実は一向に変わりません。「一番頑張るべき時に、何をやっているんだ」「結局、家族にお金の苦労をさせているじゃないか」と、毎日自分を責め続けていました。

そんな泥沼のような毎日を変えるきっかけになったのが、ある会社の研修でした。そこでは、より良い人間関係を築くための心理学を土台とした研修を行っていました。

最初の研修を終えた時に感じたのは、「母との関係と、周囲との人間関係をどうにかしないとまずい」ということでした。

正直なところ、この研修を1回受けただけでは私自身の価値観や習慣は変わりませんでした。ただ、「今の考え方のままでは、人生がダメになってしまう」ということだけは痛感したのです。

当時の私は、結局は「自分さえ良ければいい」という独りよがりな考え方をしていました。「他人を蹴落としてでも、自分が上がっていければいい」「売上を上げられないやつは、本当に馬鹿だ」と本気で思っていた。だから、成績は良かったけれど、我ながら人間性は最悪だったと思います。研修で、「そんな考え方だと何もうまくいかないよ」と突き付けられたのです。

「まずは、母との関係を改善しよう」と思った私は、母を食事に誘います。そこには妻も来てくれました。結婚を許してもらえなかった妻からすると、非常に来づらかったと思います。

しかし、そこからが苦行でした。2時間、母は全くしゃべらないのです。焼肉屋に連れて行ったのですが、ひたすら肉を焼く音が響くだけ。かろうじて私とは会話しますが、妻のことはまるでその場にいないような対応です。

その態度を見ると、「せっかくお母さんのために食事会を開いたのに！」と腹が立ち、また喧嘩になってしまいます。その時は、言いたいことを言ってスッキリする気がするのですが、結局何も変わっていません。うまく関係を修復できないことで、また自己概念が落ちてしまいました。

翌月になると「今度こそ！」と思って再び母を誘うのですが、同じことの繰り返し。変わるのは、連れて行くお店だけです。「母との関係性をどうにか改善したい」と思いながらも、同じようなことを1年半近くも繰り返していました。

そんなこう着状態から抜け出たのは、第一子である長男が生まれたことがきっかけでした。息子は難産で、生まれてくるまでに30時間も掛かりました。私は、無事を祈りながらただひたすら待つことしかできません。やっと母子ともに無事で生まれてきてくれた時は、本当にうれしかったです。と同時に、私は初めて母の気持ちを想像しました。「僕を産んだ時も、お母さんは同じような気持ちを味わったんだろうな」と。母への思いやりと感謝の気持ちが心から生まれた瞬間でした。

息子の誕生は、母にも変化をもたらしました。産院のガラス越しに孫を見た母は、それまで空気のように扱っていた妻に向かって「あんた、体は大丈夫なの？」と声を掛けたのです。

正直、私は何が起きたのかわかりませんでした。それほど驚いた出来事でした。

驚きながらも、その母の変化を見た時に、私は「自分が本当に求めているもの（願望）に気がついた時に、人間は変わるのだ」と初めて理解しました。同時に、母が本当に望んでいたことにもやっと気づいたのです。

母にとっての「願望」は、「私と共に生きること」だったのだろうと思います。一人息子ですし、女手一つで一生懸命育ててきた。それが、いきなり「この女性と結婚する」と言い出し、自分から離れると言う。それに耐えられなかったのでしょう。おそらく母も、自分でうまくその気持ちを消化して言葉にすることができずにいたのだと思います。

だから、私を取っていってしまう（ように見える）妻を受け入れることができなかった。しかし、孫を見た時に、私を産んだ時の気持ちを思い起こして、孫を産んでくれた妻を受け入れることができたのではないかと思っています。

孫という存在を見た時、愛する息子の子どもに会えたことが、母の固まってしまっていた心を溶かしてくれたのでしょう。もしかしたら孫が生まれたことで、母は息子を失ったのではなく家族が増えていくのだと思えたのかもしれません。

これまで私がどれだけ食事会を開いて妻のことを理解してもらおうとしても、それは母が望んでいるものではなかったのです。単に「この不仲な状態をなんとか解消したい」という私のエゴでしかありませんでした。だから、母の気持ちは動かなかったのだと思います。

自分に向いていた意識が母に向いた時に初めて、母が本当に何を求めているのかを理解することができたのです。

自分の「使命」について考える日々

息子の誕生が母を変えましたが、その様子を目の当たりにしたことが私自身も変えてくれました。自分に意識が向いているうちは、相手が本当に望んでいるものはわからないということ。そして、本当にその人の望むものを提供できなければ人の心は動かないこと。その2つを、身をもって知ったのです。

このことで、まずはお客様が本当に望んでいることはなんだろうと考えるようになりました。なぜなら、これまでは仕事においても「売上を上げたい」という自分の願望に意識が向いたままだったことに気がついたからです。

今の仕事に置き換えた時に、「私はお客様に何を提供できるのだろうか」「何を提供すればお客様の心は動くのだろうか」と初めて考えるようになりました。

同時に、「自分が本当に望んでいることはなんだろう」といったことも考えるようになりました。

正直なところ、私は長年お金で苦労してきたため、そうならないためにはどうすればいいかということしか考えていませんでした。ですから、お客様が本当に望むものを提供することなど考えたこともなく、ただ売っていただけ。しかも、「僕は、自分の能力で稼いでいるんだ」とさえ思っていました。

しかしこれでは、口には出さないものの、「私はお金が稼ぎたいんです！」と目標に掲げているようなものです。お客様が「なんであなたが稼ぐために力を貸さなければならないの？」「はいはい、頑張ってください」と思ってしまうのも無理はありません。それが透けて見えたから、成績が伸びなくなったのでしょう。

改めて自分の人生を振り返って考えると、お金をたくさん稼ぐことが働く原動力になった部分もありますが、一方で「二度とお金で苦労したくない」という強い思いも持っていました。

そこに思い至った際に、「深層心理では、僕と同じように感じている人はたくさんいるのではないか」と気がついたのです。誰だって、自分や家族がお金で苦労するのは嫌だし、「将来、そんな状態に陥ったらどうしよう」と不安を抱えているのではないか、と。

私がこの先、誰のために何をするかが固まったのはこの時でした。

母や妻子にお金の苦労をさせない。そして、自分の家族だけでなく、友人もお客様も、「僕が関わるすべての人に、母と同じようなお金の苦労はさせない」。

そう決めたのです。

これが私の「使命」となり、この先の人生の土台にもなっていきます。

こういった思いは、みなさんも必ず持っています。

「家族のために働いている」という人は多いと思うのですが、意外とその背景に隠れている深層心理が、本当に大切なのではないかと私は考えています。

私の「お金に苦労したくない」という思いは、ある種のコンプレックス。お金に苦労してきた人生があるから、自分が関わる人に同じ経験はさせたくない、と思い至ったのです。

このように、コンプレックスに感じていることや生い立ち、過去に経験したつらい出来事などにも強い思いが隠れている場合もあると思います。

そして、それが自分の「生きがい」や「使命」といったものにきっとつながっています。

何があなたの「使命」なのか、考えてみてください。

「使命」があれば、あらゆる判断がぶれなくなる

使命がはっきりすると、自分が何をするべきかがはっきりします。なぜなら、使命があらゆることを決断する際の判断基準になるので、思考や行動が分散しなくなるからです。

私自身で言えば、「私が関わるすべての人に、お金で苦労をさせない」ということを自分の使命に定めたことで、この後の私の人生は大きく変わりました。


どのような方の力になりたいか。

お客様をお金で苦労させないために、私は何をしなければならないか。

そのために必要な知識は何か。

何を勉強する必要があるか。

今していること……例えばお客様との面談一つとっても、その方に対して自分の使命をまっとうするための行動ができているか。


このように、すべての行動に関してそこに立ち返るようになりました。

私の場合、「どのような方の力になりたいか」で言えば、やはり自分と同じような子育て世代の方々や私の母のようなシングルマザーの方、そして独身の女性です。

「なぜ独身女性が入ってくるのか」と思う方もいるかもしれませんが、その理由は、独身女性は独身男性よりも貧困に陥る可能性が圧倒的に高いからです。

日本はまだまだ女性の社会進出が遅れています。先進国の中でも最下位と言われているほどです。そう考えると、独身で定年を迎えるとしたら、男性よりも女性の方が経済的に厳しい状況に追い込まれやすいに違いありません。私の母もそうだったので、女性が一人でも困らない経済状況をつくるお手伝いをしたいと思ったのです。

もちろん、すべての方を幸せにできればいいのですが、実際のところ、それは範囲が広すぎてなかなかできません。ですから、使命を決める際には「自分は誰を幸せにしたいのか」を明確にする必要があるのです。

このように、どのような方の力になるか……わかりやすく言うと、「ターゲット」が決まれば、その方々を助けたり幸せにしたりするためには何をすればいいかを考えれば良いだけです。

私の場合は、子育て世代が対象だったので、学費にいくら必要かといった知識や奨学金のこと、商品でいえば学資保険のことを詳しく話すことができなければなりません。

他にも、子育て世代であれば家の購入も考えますので、借り入れができる金額と実際に返していける金額は違うことなどもお伝えする必要が出てきますし、住宅を購入するための資金を貯める方法などについても話せた方がいい。このように、すべきことが明確になります。

だんだん知識が増えてくると、お伝えしたいことや教えたいこともたくさん出てきます。私は、子育て世代に向けた子育てセミナーなども開いていますし、今後は子どもたちに投資のことやお金のことを教える教室を開く計画も立てています。

使命をもとに考えると、みなさんのお役に立てることや、新しくチャレンジしたいことがどんどん湧き出てくるのです。

一方で、多くの営業マンは、使命があいまいなままだから方向性が定まりません。だから、いろいろな研修に出てみたりノウハウを身につけたりしても、いまいちうまくいかないのではないかと思います。

私も、特に使命がなかった頃は、どんな方に営業していくか、何を売るかなども決まらず思考が分散していたので、みなさんの気持ちもわかります。自分でも「売上は上がっているけれど、本当にこれでいいのかな」と感じることもありました。

しかし、使命ができてからは、そういった迷いも無くなりました。

ファイナンシャルプランナーの事務所を辞めて独立しようと決めたのも、使命が決まったからです。目的がはっきりしたので「こういう会社にしたい」と目標を決めて、ゼロからスタートさせることができました。

このように、使命がはっきりするということは、あなたが「営業マンとしてどう生きて何をするか」が決まることと言えます。これこそが、幸せな営業マンとして、一生営業を続けていくために一番必要なことなのです。

自分が誰を助けたいと思っているか、最初はすぐに出てこないかもしれません。その場合は、「自分の家族のため」や「親を楽にさせてあげたい」など、身の回りの人を対象にしても構いません。「自分以外の誰か」にベクトルが向いていることが、使命を見つける第一歩になるからです。

使命を決めて、それを基準にすべての行動を考える。

このことを忘れないでください。

「使命」ができるとマーケットも開拓できる

使命がはっきりすれば、マーケットの開拓もグッと楽になります。なぜなら「誰を助けたいか」が明確になるからです。

私は、他の営業マンからよく「幸さんは、どのようにマーケットを開拓しているんですか？」と聞かれます。私が高い売上を出していることを知って、「そもそもどうやってお客様を見つけているんだろう」と考えるからでしょう。

そんな時、私は必ず「あなたは誰を助けたいのですか？」と尋ねるようにしています。すると、大体の人が「え？」と不思議そうな顔をします。そのようなことを考えたことがないのだと思います。

「誰を助けるのを自分の使命にするか」「どんな人の力になりたいか」を考えることができれば、「その人とはどこで会えるかな」と頭が働きます。営業がうまくいかないのは、それがないままに「マーケットを開拓しなくちゃ！」と思って闇雲に動くからです。関係のないお客様にいくらアプローチしても響きませんし、いつまで経っても会いたい人に会うことはできません。

ですから、まずはあなたが一番助けたいお客様を〝理想の顧客像〟として明確にする必要があります。これを明確にして、その方に会うためにどうしたらいいかを考えれば良いのです。

私が、鍼灸院で働いていた頃に「交通事故に遭った人に出会うにはどこに行けばいいのだろう」と考えたのも同じことです。あの頃は、使命として考えていたわけではありませんが、ターゲットが明確だったので、その人に会う方法を必死で考えました。その結果、車屋さんと損害保険会社が鍵になると判断したわけです。

この考え方は、どんな業種で営業をする場合でも同じです。

ある時、料理代行を仕事にしている女性と話す機会がありました。その方は、いろいろな人から「ここに行ってみたらお客さんいると思うよ！」「あそこに行けば富裕層が多いから、代わりに料理を作ってほしい人もいるはずだよ！」とアドバイスをいただくのだそうです。しかし、なぜか彼女はまったく行動に移していませんでした。「何か違う」と感じていたのでしょう。

そこで私は「周りの人が言うことも間違っていないとは思うけれど、あなたが一番助けたい人はどんな人なんですか？」と聞いてみました。すると、

「実は、子育て中の方なんですよ。子育てと仕事で、料理を作るのがすごく大変なのではないかと思って」

と言うのです。だから私が、

「じゃあ、その人たちに会えそうなところに行けばいいんじゃないですか。だって、その人たちを一番助けたいんでしょう？　富裕層のご老人と子育て世代の方々だったら、どちらのお手伝いがしたいんですか？」

と尋ねたところ、彼女は「子育て世代です！」と即答しました。この時に、彼女の使命

が明確になったのだと思います。その後、彼女は子育て層に会える方法を考えて動き出しました。

このように、ターゲットが明確になれば、行くべきところやアプローチする方法が思い浮かぶだけでなく、原動力にもなります。それまでは、彼女が助けたい人が富裕層ではなかったため、いくらアドバイスをもらっても動く気持ちが湧いてこなかったのでしょう。

自分が「本気でこの人たちを助けたい！」と思った時に、人は行動するのです。

一方で、「お金を持っている人」「買ってくれる人」をターゲットにした場合、どうすればそのような人たちに出会えるかなんてわからないと思いませんか？　なぜならそういった人たちとはどんな人なのかが漠然としているからです。何を提案したらいいのかも分かりません。

買ってくれる人を見つけて売ろうとするのは、ただ営業の〝やり方〟を考えているだけ。だから、うまくいかないのです。

一方で、使命を明確にして、「自分が助けたい人を助ける」のは、営業マンとしての〝あり方〟の話。自分がどのような営業マンでありたいか、〝あり方〟を追求していけばマーケットは無限大です。尽きることはありませんし、お客様に会いに行く方法もたくさん思いつくに違いありません。

幸せな営業マンになるためには使命が必要な理由、お分かりいただけたでしょうか？

自信があっても「使命」がないとダメな理由

「自信がないと営業はうまく行かないし、自信をつけるためには『使命』が必要だ」とお伝えしてきました。では、自信があって売上を上げられていたら、使命はなくても良いのかというと、そんなことはありません。使命は、一生営業マンを幸せに続けていくためにはなくてはならないものです。

前項でも言いましたが、使命とは「どのような営業マンとして生きていくか」という〝あり方〟を決めるものです。

これは、「一度決めたら一生変わらないもの」ではありません。助けたい人は考えれば考えるだけ明確に絞られていくでしょうし、自分の人生において新たな課題や問題意識が出てきた時には、助けたい相手は変わるかもしれません。

相手が誰だとしても、「自分は営業の仕事を通してこの人たちを助けるんだ／幸せにするんだ」という思いがないと、営業という仕事を一生続けていくのは厳しいと思います。

使命がなくても、意志が強ければある程度成果は出るでしょう。太陽光発電の会社で全社1位を取ったり、年収一千万円を実現したりした時の私を動かしていたのも、意志の力だからです。

しかし、それは一時のことに過ぎませんでした。意志を長続きさせるのは難しいですし、いつかパッションダウンを起こしてしまうからです。

使命がないと、仕事はただ延々と繰り返すものになってしまいます。そうなると、その状況にいつか疲れてしまう日が来るでしょう。何の使命も持たず、ただ日々の仕事をこなしていくのは誰にとってもつらいことです。

一つ、ご紹介したい話があります。パナソニック株式会社（旧・松下電器産業株式会社）の創業者であり、「経営の神様」という異名を持つ松下幸之助さんのエピソードです。有名な話なので、ご存じの方もいるかもしれません。

まだパナソニックが松下電器という小さな町工場だったころ、二股ソケットで特許を取ったこともあり、電球を出荷する仕事が非常にたくさんありました。その大量の電球を磨く業務を、不機嫌そうな顔で行っている社員がいました。

松下幸之助さんは、怒るでもなくその社員に「どうしたんだい？」と声をかけたところ、その人は「こんな電球を磨くだけの仕事にやる意味を見出せません」と不満を漏らします。

松下幸之助さんが「どうしてそう思うんだい？」と尋ねると、社員は「考えてみてもくださいよ。毎日電球を磨いているだけ。うんざりしてしまいます」と答えます。

それを聞いた松下幸之助さんは「僕は、君がただ電球を磨いているだけには見えないよ」と言い、次のように続けました。

「考えてごらん。この電球が夜、食卓を照らすことで、今までは暗い中食事をしていた家族は『ああ、明るいね。みんなの顔が見える中で食事ができるのはうれしいね』と笑顔になるんだよ。今までは暗くて、夜女性が通るには怖かった道を、この電球が灯ることによって安心して歩けるようになる。私たちは単に電球をつくっているんじゃない。その先に生まれる笑顔をつくっているんだ。君の仕事も、その先にある幸せをつくっている。物づくりは、ただ物をつくって売るだけになったらだめなんだよ。その先にある幸せを売っているんだから。君はそういう仕事をしているのだと、私は思っているよ」

まさにこの話の通りです。営業マンもただ商品を売っているわけではありません。お客様の幸せな未来を売っているのです。この思いが営業マンの持つべき使命であり、これがなければどんな敏腕でも幸せな営業マンになることは難しいでしょう。

年を重ね、体力が落ちてくると、使命のない営業は尚更つらくなってきます。これは、ベクトルが自分に向いているせいで、パワーが出てこないからです。ただの物売りになると、「この仕事は誰のためになっているんだろう」「なぜこれを売るのだろう」と考え始めた時に心が折れてしまいます。

ですから、今あなたがどれだけ営業成績が良かったとしても、自信があったとしても、自分が何のために今営業という仕事をしているのかを一度じっくり考えてみてください。

使命を持つことで、一生幸せな営業マンとして働く原動力が生まれますから。

4

幸せな営業マンになるための「使命」の立て方

4

幸せな営業マンになるための「使命」の立て方

自分の「使命」を考える

【STEP1】本当にしたいことを100個出そう

使命の重要性は分かっていただけたでしょうか？

「重要性は分かったものの、使命なんて考えたことがない」「どのようにして使命を見つけたら良いか分からない」と思う人もいるでしょう。そういった人のために、具体的にどのようにすれば自分の「使命」を見つけられるか、ワークを行いたいと思います。

まず、自分のしたいことを自由に100個書き出してみてください。

最初のうちはみなさんあれこれと書き出すのですが、大体の人が100個も書き出せないまま手が止まってしまいます。なぜなら「自由に」と言われても、どうしても「今の自分」を基準に考えてしまうからです。「今の自分だと、このくらいしかできない」「こんなことを考えてもどうせ実現しない」と無意識のうちに制限を掛けてしまうのです。

ですので、ここで魔法の言葉をプラスしましょう。

「お金も時間も能力も人間関係も、何一つ、一切の制限がないとしたらあなたは何をしたいですか？」

この条件が加われば、もっと書きやすくなるのではないでしょうか？

書くのは何でも良いです。「おいしい物を食べ尽くしたい」でも、「世界一周旅行がしたい」でも、「アイドルになりたい」でも構いません。あなたが「どうせ無理だろう」と諦めていたことや、大金持ちになったら叶えたいことなどを自由に書き連ねてください。

ただ、これもある程度書くと尽きてくると思うので、考え方のヒントを出しましょう。

まずは、「自分が自分のためにしたいこと」と「人にしてあげたいこと」の2軸で考えてみてください。自分のために好きなだけお金も時間も使って満足したとしたら、誰に何をしてあげたいかを考えてみましょう。

そして、その2軸は「プライベートで実現したいこと」と「ビジネスにおいて実現したいこと」でそれぞれ書き出してください。

つまり、次の4項目で考えるということです。

・プライベートで自分のためにしたいこと
・プライベートで人にしてあげたいこと
・ビジネスで自分のためにしたいこと
・ビジネスを通して人にしてあげたいこと

各25個ずつ書き出せればベストですが、どこかの項目に偏ってしまうならそれでも構いません。ひとまずトータル１００個書き出してください。

その際、今の自分がいる場所……現在地から考えずに、より高い場所から想像してみましょう。大事なのは、未来の自分がどのような状態でありたいか、どんな自分になっていたら幸せかを自由に考えることです。そのことを意識しなければ、今の自分にできること、両手を伸ばした範囲程度のことに終始してしまいます。

「お金も時間も能力も人間関係も、何一つ、一切の制限がないとしたらあなたは何をしたいですか？」という条件を加えたのもそのためです。

本当に幸せな姿を制限なく考えたときに、人は初めてそこに向かう道を考え始めます。ですから、本当に叶えたい自分の姿を自由に想像して書き出してみてください。

【STEP2】 実現する期限を決めよう

「自分がしたいこと」を100個、書き出せましたか?

書けたら次のステップです。100個全部埋まらなかった人も、今書き出しているものを元に、次の段階に進んで問題ありません。


次は「今、何をするか」を決めるための計画を立てます。そのために、まずはあなたが書き出した夢を、いつまでに叶えるか具体的に期限を切っていきましょう。

例えば、「自分の家と親の家を2軒並べて建てる」と書いたとします。いつまでに家を2軒建てるかを具体的に考え始めると、急に尻込みする気持ちも出てくるかもしれません。

「いやいや、2軒分建てる資金貯めるのは無理でしょう。自分の家だって建てられるかどうか……」

そのように、急に現実的な考えが浮かび始めてしまうはずです。しかし、期限や実現可能かどうかについても、「何も制限がなかったとしたら、いつまでに家を建てたいか?」と考えてみてください。

他にも、「火星に行く!」などと書いた人もいるかもしれません。しかし、現在の技術力で一般人が今すぐ火星に行けるかというと難しいと思います。その場合も、ひとまず自分の年表に入れましょう。例えば「50年後に火星に行く技術ができていたら行く」「100歳までに宇宙旅行！」といった形でも良いと思います。

なぜ、このように期限を決めるか。それは、「なぜそれをしたいと思っているのか？」と問い掛けることにつながるからです。いつまでに、なぜしたいか。そう考えると「実際は、そこまで宇宙旅行に行きたいと思っていないな」と思うかもしれませんし、心の底から望んでいたことだと気付くかもしれません。

もし、「これはとりあえず書いただけだな」と気が付いたものがあれば、それは消してしまって構いません。それはあなたの本当の願望ではないからです。

例えば「イギリスに行きたい」と書いたとします。すると「なんで自分はイギリスに行きたいと思っているんだっけ」と考えてみる。もしかしたら「なんとなく書いていたな」と自覚するかもしれないし、「ああ、そう言えばビートルズが大好きだったから、アビーロードを歩いてみたいなと思っていたんだっけ」と、昔すごく好きだったものを思い出すかもしれません。

また、本当に実現したいと思ったら、その気になれば明日にでもできると気づくこともあるでしょう。今でこそ新型コロナウイルスの影響で海外に行くのは難しいですが、イギリスに行くこと自体は、自分が決めさえすればすぐにでも実現できますよね。

このように考えると、書き出したものの中には、ただ先延ばしにしていただけのことも意外と含まれているはずです。

一つひとつについて期限を切って考えていくと、「本当に叶えたいこと」「特に真剣に叶えたいと思っていないこと」「しようと思えばすぐにできることだけれど、取り組んでいなかったこと」などが見えてきます。

このようにして、自分が叶えたい夢をゴールとして、それを実現する道筋を考えていくのですが、その際にいくつかポイントがあります。

1つ目は、あまり短期的な夢をゴールにしないこと。

例えば、「3カ月後のパーティーに向けて、ドレスが似合う体型にする」といった短期的なものだと、意志の力でクリアできてしまうことが多い。1回クリアしてしまうとそれで満足してしまって、リバウンドする可能性が高くなるので要注意です。

2つ目は、ゴールのイメージを明確にすること。

長期的なビジョンとして「いつまでも健康で若々しい自分でいる」を設定したとします。しかし、これではぼんやりとしていて、どのような状態を指すのかがわかりません。「健康で若々しいと、どのような良いことがあるか」「それはどんなことができる状態を指すのか」といったことを考えることで、具体化していく必要があります。

同じように、「稼げるようになりたい」といった願望もあいまいです。「いくら稼ぎたいのか」「お金を稼ぐことができさえすれば幸せなのか」「お金を稼いで好きなものを一通り買ったら、満足するのか」「どのようにして稼ぐのか」「一人で稼ぐのか、誰かと一緒に会社を設立するのか」。そういったことを考えていくことで、同じ「稼ぐ」でもゴールは違ってくるはずです。この設定によって、次にお話しする目標（行動計画）も変わってきますので、ぜひ具体的に考えてください。

いまいちゴールが思い浮かばないのであれば、老後の姿を想像してみるのもいいでしょう。孤独なお金持ちでいいのか、稼いだお金で周りの人とも楽しめる関係性が築けているお金持ちがいいのか。その姿によって、どんな稼ぎ方をするのか、どういったお金持ちになることを目指すのかが変わってくるはずです。

『7つの習慣』で、著者のスティーブン・R・コヴィーは「あなたがお墓に入った瞬間から想像しなさい」と言っています。

亡くなった時、どんな人に見送られていますか？

あなたが亡くなった時に悲しむ人は何人いますか？

そう考えると、あなたが目指すゴールがイメージしやすくなるのではないでしょうか。

こういったポイントを押さえながら取捨選択した末に残ったものが、あなたの「本当に叶えたいこと」です。それが、あなたの目指すゴールになります。ゴールは複数個あって構いません。実現したいことがたくさんあるのは良いことです。

ただし、そのゴールの中で「使命」と言えるのは、基本的に軸が「人」にあるものです。

・プライベートで人にしてあげたいこと
・ビジネスを通して人にしてあげたいこと

このカテゴリに挙げたものの中で、期限を切ってきちんと叶えたいと思えたもの。それがあなたの使命です。あなたの使命は見つかりましたか？

具体的な行動計画を立てる

では、次に「ゴール」を実現するためのマイルストーンとなる、具体的な目標を立てましょう。第2章でも書きましたが、目標はゴールから9、8、7、6、5…と逆算して立てていきます。それが、あなたの行動計画になります。

いつまでにゴールを実現するか期限は決まったので、それに必要なものをあぶり出していきます。それがお金なのか、時間なのか、学びなのか、協力者なのかはそれぞれゴールによって変わりますが、考えているうちに必要なものが出てくるはずです。

例えば、「1年後に100万円貯める」がゴールだったとします。すると、12カ月かけて100万円を貯めるためには、月に約8万4000円が必要になります。しかし、今現在の収入では8万4000円も貯金に回せない場合は、どうすれば目標金額を貯めることができるかを考えなければなりません。

その方法の一つが、年収を上げることだとしましょう。そのために新たな技術や資格を取得する必要がある、と見出したとします。

では、年収を上げるための技術や資格はいつ取れるか。そのためにはどのようなことを、1日何時間勉強することになるか。その勉強時間はいつ捻出するか。そのように考えていったら、「いつもより1時間早起きして、その時間を毎朝資格取得の勉強に充てる」などの道筋が見えてきます。これが、行動計画です。

この行動計画は非常に大切なもので、ここが不明瞭だとなかなか結果につながりません。それは「思い」はあるけれど行動が伴っていない、という状態です。ゴールに到達できる戦略が思い描けていないということになります。

営業で言えば、具体的な行動とは「1日に何人のお客様に会う」「その際に、どの程度までアプローチする」といったことまで綿密に落とし込む必要があります。この時に、きちんと「思い」や「使命」が固まっていれば、「今日はテレアポを〇件入れる」という目標を「今日1日で〇人を幸せにする」と置き換えることができるようになります。「うまく行かないからお客様と会うのが怖い」と思っていた営業マンも、「お客様に会うのは、その方を幸せにするためだ」と思えたら会えるようになるのではないでしょうか。

逆にいうと、この行動計画を具体的に落とし込めないと、一向に前に進みません。有名な海賊漫画『ONE PIECE』（尾田栄一郎／集英社）でも、主人公が「海賊王に、オレはなる！」と宣言しますが、旗だけ掲げて一人で筏に乗っていては話が進みません。財宝を見つけるためにどんな仲間が必要かを考えることで、「航海士がいるな」「料理人もいた方がいいな」と分かってきます。そうなると、自分一人では自分の叶えたいことが実現できないことも見えてくるので、人の力を借りる必要性も実感します。もちろん、航海に耐えられる船も必要です。

このように考えると、使命は行動計画があって初めて実現に近づくことがお分かりいただだけたのではないでしょうか。

具体的に行動計画を落とし込んでいくと実感すると思いますが、実は行動計画とはゴール（叶えたいこと）と現時点との差を、段階を踏んで埋めていくことです。その差を見つめることになるので、理想と現実のギャップを感じて落ち込んでしまうこともあるでしょう。

しかし、たとえギャップがあったとしても、ゴールを手の届く範囲に変更する必要はありません。現実的な制限を外した時に出てきたそのゴールが、あなたの本当の「願望」だからです。

一見、実現不可能に思えても大丈夫。人は、ゴールを具体的にしたことで初めて「これを実現するためにはどうしたらいいか」を考え始めるのですから。

ゴールが今の自分から遠い場所にあっても、きちんとゴールに到達するまでのマイルストーンを置いて、一歩一歩実現していけばいい。それが、あなたが人生において一番叶えたいことであれば、一生をかけて叶えていくべきですし、そのために何を成し遂げていくかが、あなたの人生の「あり方」になるのです。

「使命」を実現するためには、行動の優先順位をつけることが重要

ゴール（使命）を見つけて、行動計画もでき上がりました。しかし、実行に移せなければ、いつまで経ってもゴールに辿り着けません。

確実に実行していく上で重要になるのが、物事を重要軸と緊急軸で分けて優先順位をつけることです。

縦を重要度にして、下から上に向かって重要度を高く、横軸を緊急度にして、右から左に向かって緊急度が高くなるよう設定した４象限マトリックスを作ります。

すると、次のように分類されるので、それぞれに番号を振っておきます。

・左上「重要かつ緊急度が高いもの」……①

・右上「重要だけれど緊急度は低いもの」……②

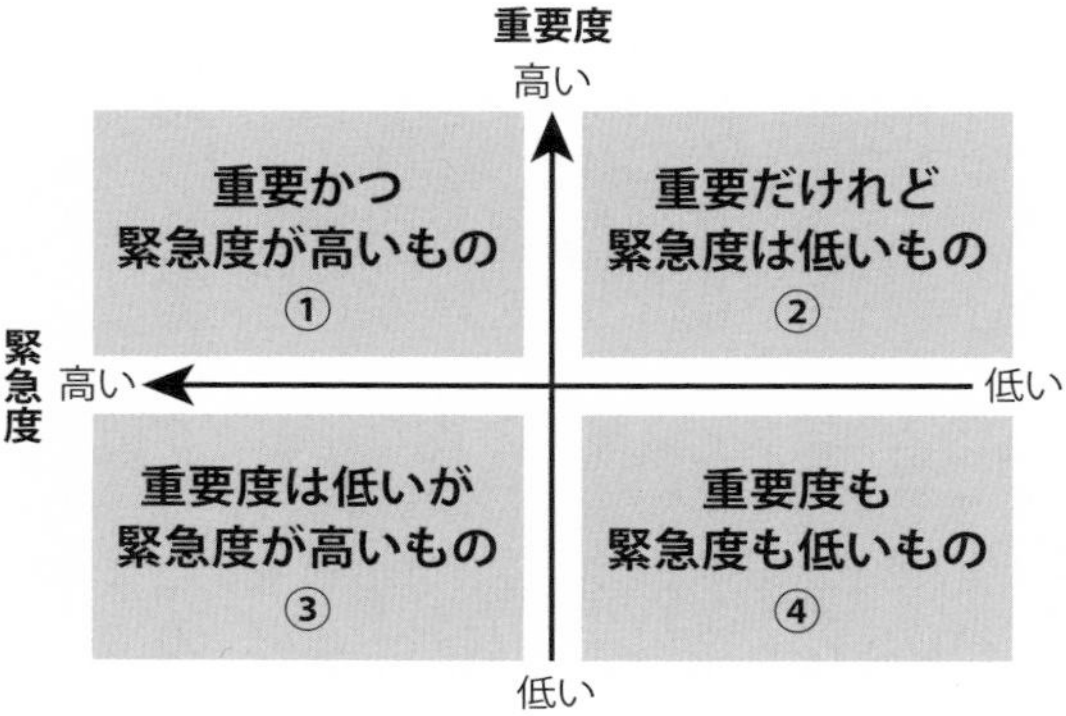

・左下「重要度は低いが緊急度が高いもの」……③

・右下「重要度も緊急度も低いもの」……④

私たちが叶えたいこと、成果を出したいことは、たいてい②に位置しています。お客様を幸せにするための方法を考えたり、新しい知識を増やすための勉強をしたり、健康な体づくりをしたりといったことがこれに当たります。しかし、ここは緊急性が低いため、非常に後回しになりやすいゾーンでもあります。

まず、すべての人が最初に取り掛かるのは、①の「重要かつ緊急度が高いもの」です。これは当然ですね。

しかし、問題は次。本来であれば②の「重要だけれど緊急度は低いもの」に着手するべきなのですが、ほとんどの人が目の前のアポイントメントなど、③の

「重要度は低いが緊急度が高いもの」に手をつけてしまいます。そして、次に飲み会などのような④「重要度も緊急度も低いもの」に流されてしまい、①→③→④の「L型」の順になっていきます。こうなってしまうと、①、③、④に時間と体力を取られてしまい、肝心の②になかなか着手できません。

ですから、自分の使命を実現していくためには、①→②→③→④の「Z型」で取り組んでいく必要があります。そうすることですべての項目が充実しますし、自分が叶えたいことがきちんと実現できます。

しかし、大体の人が①と③に忙殺されています。「ダメダメタイプ」と「そこそこタイプ」はまさにそうです。②に時間を割けないので、その場その場の対応になっているのです。

では、「イケイケタイプ」は②に取り組めているかというと、実はこのタイプもできていません。このタイプが仕事である程度結果を出せているのは、単にキャパシティーが大きいだけのこと。意志の力が強いので、①と③をこなせる容量が大きいだけです。それが結果として出ているに過ぎません。

私が何度も「意志の力だけでは続かない」と言っていたのは、このように意志の力には強弱があり、その強弱で結果が左右されるからです。

①→③→④のL型で物事を進めると、その人のこなせる量で差がついてしまうのですが、Z型になれば誰にでも自分の叶えたいことを叶えることができます。なぜなら、①→②→③→④と、本当に取り組むべきことから実施していくため、個人のキャパシティーは関係なくなるからです。たとえキャパシティーが小さい人……例えば体力がなくてたくさん仕事をこなせない人でも、きちんと②の優先順位を高く組み込んでいるので、「叶えたいこと」に着実に近づいていくことができるのです。

「①と③をなくしていくことが良い」と言う説もありますが、この領域はなくそうと思ってもなくすことはできません。となると、どうすればいいか。私は、「②の領域を拡張する」と考えています。②が広がっていけば、他の①、③、④は狭まっていきます。②に割く時間をしっかり取るように、取り組む割合を変えていくのです。そうすることで誰でも自分の叶えたいことを実現することができます。

今、自分がどのような優先順位で物事に取り組んでいるか、今一度確認してみてください。もしL型の働き方になっていたら、②に取り組む時間を意識的に確保して、Z型にで

きるように考えてみましょう。

自分も他人も幸せにできているかを確認しよう（3タイプ別注意点）

ワークを行った後に、もう一つ確認していただきたいことがあります。叶えたいことを書き出す際、

・プライベートで自分のためにしたいこと
・プライベートで人にしてあげたいこと
・ビジネスで自分のためにしたいこと
・ビジネスを通して人にしてあげたいこと

の4項目に分けて、25個ずつ書いてみましょう、偏っていても構いません、とお伝えしました。

あなたはどのような結果になりましたか？　実はバランス良く埋められているかどうかで、自分にとって足りていないものがわかります。

ベストは、4項目がバランスよく埋まっていること。なぜなら、バランスよく埋まっているということは、自分のことも他人のことも大事にできていると言えるからです。私たちが目指す「幸せな営業マン」は、もちろんこのタイプです。

人にしてあげたいことはたくさん出るのに、自分のためにしたいことがあまり出なかった方は、自己犠牲の傾向が強いタイプ。人のことは考えられるのに、自分の幸せを大事にできていない可能性が高いです。「ダメダメタイプ」や「そこそこタイプ」の方がこれに当たります。このタイプの方々は、他人から「ありがとう」と言われることでしか喜びを感じられないので、なかなか満たされることがありません。

一方で、自分のしたいことはたくさん出るのに、人のためにしたいことが出てこない人もいるはずです。これは、「イケイケタイプ」の人に多いでしょう。自分さえ良ければいい、「してもらって当たり前」といった感覚が強い人は、この傾向にあります。

こう聞くと、できれば4項目をバランスよく埋めていきたくなるのではないでしょうか。しかし、足りない部分を無理して埋めようとする必要はありません。それよりも、まずは得意な方を伸ばしましょう。いいところを伸ばす「長所進展法」です。バランスが悪いところはあなたの足りない部分、すなわち「欠点」に当たるので、最初はそちらにばかり目を向けない方がいいでしょう。

「それだといつまでたってもバランスが悪いままではないか」と心配になるかもしれませんが、問題ありません。「得意な方（長所）を伸ばす」と言っても、そちらが伸び切ってしまうと頭打ちが来るので、その段階まで来たら苦手な方を伸ばせば良いのです。

「イケイケタイプ」を例に説明すると、「イケイケタイプ」が今この瞬間、どれほど成績が良かったとしても「自分が、自分が」といった状態だと、必ず頭打ちが来るということです。他人軸が極端に低いことが足を引っ張る時が必ず来ます。

頭打ちが来てしまった時に、もっと成績を伸ばしていきたければ「人のために」という他人軸を伸ばすしかありません。そうなって初めて、真剣に人に貢献することについて考えられるようになるでしょう。

これは、「人のために」が強すぎる人も同じです。他人のことばかり優先していては、自分を大事にできていないため、いつか疲れ果ててしまいます。そうなったら、きちんと自分にも目を向けてあげてください。自分を大事にすること、自分のしたいことに時間を割くことを考えるようになれば、きっと行動が変わるはずです。

それまでは対人関係を大切にすることを最優先にしていた人であっても、もう少し自分の時間を取ろうと思ったら、「とりあえず」で付き合っていた飲み会を断れるようになったり、今までよりも言うべきことを言えるようになったりします。そうしないと状況はいつまで経っても変わらないからです。

大切なのは、自分も人も幸せにできているかどうかです。どちらも大事にできる営業マンを目指しましょう。

5

幸せな営業マンは商品を勧めない

ルール③

うーん
ちょっと考えていいかしら？
あらっ
持田さんお疲れ様です
……
笑美せんぱーい!!
わあっ
…という感じで

全然成約にならなくて…僕はどうしたらいいんでしょうか？
はあ…
持田さんはお客様の不安を聞けていますか？
不安？
一生懸命売りたい商品のことを話すのではなく
お客様がどんなことに不安を感じているか聞き出してみてください
やってみます！
次の日
笑美せんぱ～い!!
わあっ
ビクッ

話を聞こうと黙っていたらお客様に「帰っていい？」って言われちゃいました〜
…
あー…
なるほど…
黙っていてもお客様は話してくれないので
どーぞ
こちらから不安を聞き出す質問をしないといけませんね
そうか…
どうも…
つい自分がしゃべってはいけないと思ってしまって…
商品の話をしないでと言ったのは
あずさ生命
○△生命
そうなると他社の商品との比較 買う・買わないの話になりがちになるから…
そうではなくお客様の不安をきちんと聞き出した上で
「私はその解決策を知っていますよ」と言えば相手は「教えてほしい！」となると思いませんか？

たしかに…
思います！
そうなると
お客様も「話を聞きたいモード」に
なっているから
こちらの提案も
届きやすいんです
!
!!
なるほど！
でも
難しそうですね…
僕にもそんなことが
できるのでしょうか？
できますよ！
きちんとマインド
セットと準備さえ
しておけば
大丈夫です！
ずしっ
そのための
具体的な方法を
お伝えしますね
はい！
お願いします！

幸せな営業マンになるためのマインドセット

　ここからが、いよいよ実践編です。どのように営業をすれば成果を出せるのか、幸せな営業マンはどのようにお客様に対応しているのかなどを具体的に伝えていきたいと思います。

　まずは、営業に出る前の準備からです。

【準備その１】誰のために何をするのか、使命を明確にする

　あなたがどのタイプの営業マンであっても、営業に出る前に行うべきことは同じです。まずは「誰を幸せにするために仕事をするのか」ということを、改めて明確にしましょう。「また使命の話？」と思うかもしれませんが、これは非常に大切なこと。なぜなら、「ダメダメ」「そこそこ」「イケイケ」のどのタイプだったとしても、今は全員自分にベクトルが向いている状態だからです。

　例えば「ダメダメタイプ」のあなた。今は「自分はどうせダメなんだ。誰からも必要と

されていないんだ……」と思っているのではないでしょうか。その状態は、自分のことしか考えていない状態です。

本当に必要とされる人材になりたいのであれば、「どのようなことで必要とされる人間になるのか」「そのために何を磨かなければならないのか」を考えなければなりません。それはつまり、「誰を幸せにしたいか」を考えるということです。

「そこそこタイプ」の方は、成績がそこそこなので「今くらいでも、まあいいかな」と考えてはいませんか？　あなたはそれでいいかもしれませんが、あなたが幸せにできる人というのはもっともっといるはずです。自分が幸せにできるはずの人について考えなければなりません。

売上第一！の「イケイケタイプ」は、自分のことしか考えていない方が多い。だから、そもそも「誰のために仕事をしているのか」を改めて考えていただきたいですね。

あなたは売上を上げているかもしれませんが、「人を幸せにできているかどうか」という視点で見たらどうでしょうか。本当に、誰かを幸せにできていますか？

このように、結局は3タイプとも自分のことしか考えていないというわけです。

なぜ、自分に目が向いていると良くないのでしょうか。

それはもちろん、お客様は自分の方ばかり見ている営業マンから買いたいと思わないからです。例えば、お客様から「○○さんは、何のためにお仕事を頑張っているの？」と聞かれた時に、「売上のためですね」「いやー、特に目的も目標もないんですよね」などと答えたとしたら、お客様は安心すると思いますか？　実際はそう答えないとしても、やはり腹の中にあるものは伝わってしまうものです。それが透けて見えた瞬間から、売上は落ち始めてしまいます。

もう一つの理由は、自分のためだけだと「まあいいか」という気持ちが働いて、頑張れないからです。

例えば、「ダメダメタイプ」の方でも、お母さんやお子さんなど、大切な誰かが病気や怪我をして、毎月多額の治療費が掛かるとなると、がむしゃらに頑張ると思いませんか？　それは、ベクトルが自分ではなく、大事な誰かに向いているからです。たとえその対象が家族だったとしても、自分以外の人のためであれば「ここまででいいか」という気持ちにはなかなかなりません。

お客様からしても、「実は、私は家族のために頑張っているんですよ。その上でお客様に貢献できる仕事だと思っています！」と話す営業マンの方が契約したくなるのではないでしょうか。

以上のことから、まずは「誰のために仕事をするのか」をしっかり持つこと。これが、営業に出る前の重要な準備です。

【準備その2】　商品や会社などについて誇りを持つ

「誰を幸せにするか決めたから、営業に出るぞ！」と思った方は、少しお待ちを。出発は、もう少し準備を整えてからです。

次は、自分が売る商品についてしっかり確認をしましょう。

103ページで松下幸之助さんが、「我々が売っているのは電球ではなく、その先にある笑顔だ」とおっしゃったという話をしたと思いますが、商品について確認すべきはまさにその部分です。

あなたが会社に所属しているのであれば、会社はどういった思いでその商品を扱っているのか、自分がその商品を提案することでお客様にどのようなメリットを提供することができるのかを考えてみてください。商品のコンセプトや生まれた経緯などを調べてみるのも良いでしょう。

スペックだけを見ると、「他社の商品の方が良い」と思うこともあるかもしれません。しかし、商品はあくまでもお客様を幸せにするための手段に過ぎません。「誰を幸せにしたいか」という思いを実現するためのツールなので、商品のスペックだけで決まるわけではないのです。

もちろん、どんな商品でもいいわけではありませんが、あなたが売っている商品が１００点のものではなくても大丈夫です。１００点でなければ、どうすれば１００点になるかを考えればいいんです。例えば、取り扱う商品を増やしたり紹介する商品を変えたり、他社より優れているところを見つけたりと、方法はいくらでもあります。

ただし、その方法もキリがないので、足りないところに目を向けるのではなく、その良いところに目を向けるようにしましょう。

これは、会社についても同じことです。あなたは自分の会社について、どれだけのことを知っていますか？　あまり知らなければ、会社に関してもビジョンやミッション、創業した経緯などを調べてみてください。どのような思いでその会社が経営されているかがわかると思います。

会社が存続している以上、その会社の商品やサービスを購入しているお客様が必ずいます。ですから、これまでにいただいた「ありがとう」の声に耳を傾けてみるのも効果的です。長年続いている会社であれば、きっとたくさんの「ありがとう」があるに違いありません。

そして、あなた自身、自分でその会社を選んで試験や面接を受けて入社しているのですから、「良さそうな会社だな」「ここで働きたいな」と思った部分があるはずです。その入社当時の気持ちを思い返してみるのも良いと思います。

そのようにしていくと、「うちの会社は良い会社だな」と思う気持ちも生まれてくるでしょう。

商品と会社の良いところや思いを調べたら、次は職業についても考えてみましょう。あなたの職業が世の中にどんな役割を果たしているのか、あなた自身がその仕事のどこに魅力を感じて選んだのかなどについて、改めて考えてみてください。自分の職業についての誇りが芽生えてくるはずです。

そして、何より大事なのは自分に対して誇りを持つことです。最初はなかなか難しいか

もしれませんが、その場合は「誇りを持って仕事に向かう自分」を想像してみてください。最初はイメージだけでも大丈夫です。成果が出るようになれば、その誇りにもきちんと根拠がついてきます。


商品の良いところ、会社のビジョン、職業が果たす役割、その仕事を頑張る自分。そういったものを一つひとつ確認していくことで、

「きちんとした考えのもとで、人の役に立つ良い商品を作った会社で働いている私が、人を幸せにするためにこの商品をお勧めするんだ！」

という自信が湧いてきませんか？

一つひとつが、あなたを支える自信となるはずです。

【準備その3】行動計画を立てる

ここまで準備ができたら、最後はきちんと行動計画を立てましょう。

155ページで、ゴール（使命）に向かうマイルストーンが目標である、と書きました。それを、日々の行動にまで落とし込む必要があります。

その際に大事なのは、売上を目標にしないこと。それに焦点を当てると、売上を追いかけるだけになってしまうので、「誰を幸せにするか」という本質からずれてしまいます。ですから、1年後、5年後、10年後に「どれだけの人を幸せにできているか」を考えましょう。

保険の営業であれば、「家族みんなが安心して暮らせる」「子どもの学費を計画的に、無理せず準備できる」といった状態になっている人をどれだけ増やせているか。

車の営業であれば、「この車を買ったから、家族でキャンプに行ける」「運転しやすいから、毎日の通勤も苦にならない」と喜んでいる人が何人になっているか。

そのように考えることで、あなたが自分の仕事を通して、たくさんの人を幸せにできることを実感できるのではないでしょうか。

日々の行動計画は、それを実現するためのもの。そのために、1日に何人と会う必要があるのか、必要な知識を身につけるために1日何時間勉強しなければならないかといった具体的な計画を書き起こして、成果を見える化していくことが大切です。

「行動計画くらいとっくにできているよ」と思う人もいるかもしれませんが、できているつもりになっているだけのことが多いです。改めて考えてみてください。

ここまでできれば準備は完了です。さあ、お客様に会いに行きましょう！

幸せな営業マンはお客様の不安を聞きに行く

お客様に会いに行って、最初にするべきことは何だと思いますか？　商品の説明でも自己紹介でもありません。それは、「お客様の不安に耳を傾けること」です。

うまく行っていない営業マンは、ほとんどの人がこれをできていません。いきなり商品の話を始めたり、延々30分も自己紹介を始めてしまったりしています。心当たりがある人もいるのではないでしょうか？　しかし、お客様はそんな話に何の興味もありません。

大事なのは、お客様が何を不安に思っているかを聞き出すことです。この世に、不安を抱えていない人はいません。お金にしても人間関係にしても、ほとんどの人が何かしらに悩んでいるものです。中には「戦争がなくならない」と憂い嘆いている人や、「明日、事故に遭うのではないか」と心配している人だっています。

営業マンの仕事は「お客様を幸せにすること」なので、その方が抱えている不安を解消してあげなければなりません。ですから、まずはお客様の話を聞くことを徹底してください。

お客様に会いに行くとなると、思考回路が「商品を売るぞ！」となりがちなので、その点をしっかり意識してから出掛けましょう。

特に、「とりあえず、君のことは話しておくから行ってみたら？　買ってくれるかどうかはわからないけれど」といった、いわゆる「質の悪い紹介」の場合、紹介されたお客様は話を聞く気になっていません。ですから、最初に自分のことを売り込むこと自体は必要です。ただし、これは「ご紹介いただいた○○さんとは、異業種交流会で知り合いまして……」といった自己紹介をしろという話ではありません。するのは、自分が何者であるかをはっきり伝えること。例えば私なら、次のようなことをお伝えします。

「私は、子育て世代のみなさんのお金に関するご相談や、家を購入される際の資金繰りのアドバイスなどをさせていただいています。私が関わるすべての人をお金で苦労させない、という思いがあってこの仕事をしていますので、暮らしに関するお金のことだったらなんでも聞いてくださいね」

このように、自分がどんな職業観や倫理観を持っているのか、この仕事を通して誰を幸せにしたいと思っているかといった話や、仕事に誇りを持っていることなどをお伝えする。そうすると、お客様は安心します。

その上で話を進めていくわけですが、ここで大事なのは最初に「今日は何をするか」を伝えること。つまり、「場のセットアップ」をする必要があります。

具体的に言うと、保険であればこのようなことを伝えます。

「本日は、30分ほどお時間をいただくことになりますが、○○さんの抱えていらっしゃる不安や心配事を何か一つでも解消できたらと思っております。せっかく貴重な時間をいただいていますので、この時間を少しでも有意義なものにしていきたいと思います。よろしければ、今感じている不安をお伺いしてもいいでしょうか？　例えば老後のお金のことや保険のことなど、何か明確にしておきたいこと、今の時点でこんなことがわかればいいなと思うことがあればお聞かせください」

もし、ご紹介であれば「ご紹介いただいた○○さんからお伺いしたのは、老後のお金の話が中心でした」と話を促すのも効果的です。

初回の聞き取りは、医師が初めての患者を診察するようなもの。患者が「咳が出ている」と訴えるからといって、いつから、どのような時に出るのかを聞かずに咳止めを出すようなことはしないはずです。ですから、「あなたが今、『不安に思っていること・悩んでいること』を聞かせてくださいね。なぜなら、私がどのような形でお役に立てるかを見極めたいと思っているからです。このことを知っておいてね」とお客様に伝えるのがセットアップの目的になります。

このセットアップをしない営業マンが非常に多いのです。だからうまくいきません。これをしないで、いきなり「私はこういうもので～」と話し出すから、「とりあえず紹介されたから会っているけれど、君のことなんてどうでもいいよ」と思われてしまうのです。

ここで気をつけたいのは、少し話を聞いただけで、

「お子さんが生まれたから学費の準備をしたいんですね、では、次回は学資保険をご紹介しますすね」

と、すぐに商品の話に持っていかないことです。なぜなら、お客様は解決策を求めているだけで、「正しさ」は求めていないからです。

営業マンは、「学費の準備＝学資保険」と自分が思う最善策を提案しようとします。しかし、相手がどうしたいかを聞かないままに最善策を勧めても、相手は「それくらい知っているよ」「そんな話を聞きたいわけではない」と思ってしまいます。そうなると、なかなか話を聞いてくれません。

例えば、Ａというお店に行きたい人がいて、道を教えるとします。最短距離は、まっすぐ行って坂を登ること。しかし、もしかしたら相手は速さを求めていないかもしれません。その場合は、「まっすぐ行って、坂道を登って……」と伝えても、その人は一向にその気にならないでしょう。最短ルートなのかもしれませんが、坂道を登るのは面倒くさいから

です。

このようなことはよくあることで、「とりあえず目的地につけばいい」という人もたくさんいます。そこで、ぜひまっすぐ行ってほしいと思うのであれば、「なぜあなたはA店に行きたいのですか?」と聞いてみるといいでしょう。

相手は、「いやあ、あのお店はお蕎麦が絶品でね」など、行きたい理由を教えてくれます。

そこに重ねて

「そうなんですね〜。どのあたりを絶品だと思われるんですか?」

「どんなお出汁使っているんですか?」

と聞いていくと、

「カツオ出汁なんだけどね」

「丼もおいしくてさ」

といった話が出てきます。そこに、

「うわ〜! それはおいしそうだ。そしたら早く食べたいですよねえ」と投げかけると、

「そうなんだよ! 早く食べたいねえ」

となる。そこで初めて、

「あのお店に行くんだったら、この道をまっすぐ行くのが一番早いですよ。坂を登り切ったら右に曲がってください」

と伝えます。そこでようやく、

「わかった！　行ってみるよ、ありがとう！」となるのです。

ここでポイントになるのは「早く行きたい」という気持ちを引き出すことです。このような伝え方をすると、同じことを伝えるにしても「ありがとう！」と思っていただけます。

なぜかと言うと、多くの人が自分の本当の「願望」に気付いていないからです。漠然とした不安や希望しか持っていないので、「これが最善策です」と言われても、「言っていることはわかるけどさ」と思ってしまいます。

しかし、「何を不安に思っているのか」「どうしてそれをしたいのか」と質問を重ねていくことで、本人も自分では気付いていなかった願望が明確になっていきます。その願望が叶えられるとわかって初めて、人は動くのです。

慣れないうちは、どうしても自分の仕事に関連した不安の聞き取りになりがちですが、もっと広い視野で聞くことをお勧めします。

「夫婦仲があまり良くなくて……」といった話でも構いません。まずはしっかりお客様の不安を聞く。何についてどのような不安を感じているのか。それはなぜなのか、といった話を聞くことを徹底してください。そうすることで、きっと相手が本当に望んでいることが見えてきます。提案をするのはその後です。


面談の最初は、「何をしにきたか」をセットアップして、お客様の不安を聞く。この順番を忘れないでくださいね。

幸せな営業マンは、解決策を提示できる

お客様の不安を聞き出すことができたら、次のステップに進みましょう。次は、「解決策の提示」です。

お客様から不安を聞き出していくと、あなたが解決できることがきっと出てきます。そ

れを解決することでお客様の不安を解消し、幸せにする。それがあなたの役割です。

幸せな営業マンは、お客様からたくさん「ありがとう」と言われているイメージがありませんか？　それは、その営業マンがお客様の不安を解消できているからです。

あなたが誰かに何かをしてあげたとしても、「ありがとう」と言ってもらえるかどうかは別の問題です。なぜなら、人が「ありがとう」と言うのは、あなたの取った行動がその人のためになった時や、あなたの行動によってその人が満たされた時だからです。

つまり、お客様の不安を解消できて、初めて「ありがとう」と喜ばれるし、幸せにできるということ。ですから、幸せな営業マンになるためには、しっかりと解決策を提示できるようにならなければなりません。

例えば、「老後の資金が心配」という方であれば、「なぜ心配なのか」「老後はどのような生活を送りたいか」などを伺います。すると、「認知症になったらどうしよう」「ニュースで、老後に数千万円も掛かると聞いた」など、さまざまな不安が出てくることでしょう。その話をもとに、次のようにお客様の不安を具体化していきます。

営業マン「年金は、おそらく年間でこのくらいもらえるはずなので、お客様の送りたい老後のスタイルであれば、何歳までにあと○千万円貯めておく必要がありますね」

お客様「そんなに貯めておかないといけないのね」

営業マン「老後に至るまでの数十年でこの○千万円を貯めるためには、月々▲万円貯金する必要がありますね。その金額の貯金はできそうですか？　もし、難しければ、自分で投資信託をするか、プロの私が担当について投資型の保険で効率よく増やしていく方法の2つがありますよ」

この「自分で行う投資信託」と「プロの担当者がついた投資型の保険」が、あなたの提示できる具体的な解決策です。当然それぞれのメリット・デメリットはありますから、それもきちんと説明します。その上で、「どちらのリスクなら取れますか？」とお客様に選んでいただくのです。

そこで、お客様が保険を選んだなら「保険ならこういう方法がありますが、どうされますか？」と商品について説明する。それで良いようであれば、「それでは、次回までに月々いくらなら積み立てられそうか考えておいてくださいね」とお伝えすれば良いのです。

こういった提案ができるようになるには、当然営業マンは知識をつける必要があります。老後資金の算出の仕方、公的年金、子どもの大学進学に掛かる費用などなど、きちんと説明できなければなりません。

このように言うと「お客様からどんな不安が出てくるかなんて分からないのに、全部の情報は網羅できないよ！」と思う人もいるのではないでしょうか。

その通りです。誰だってありとあらゆる問題の解決策を網羅することはできません。だからこそ、営業マンは「誰を助けたいのか」を決める必要があるのです。

私は、子育て世代やシングルマザー、独身女性といった方々を助けると決めました。だから、その方々が抱えているであろう悩みを解決するために、必要な知識を日々勉強しています。

あなたは、あなたが「助けたい」「幸せにしたい」と思う人の悩みを解決できる知識をどんどん身に付けていけばいいのです。

それらの知識を身につけたら、お客様から十分に不安を聞き出した後は、「あなたの不安を解消するための方法があるんですけど、お話してもいいですか?」と提案しましょう。すると、お客様は不安を解消したいと思っているので、「知りたい！」「ぜひ聞かせてください！」と、非常に前向きに話を聞いてくださいます。その状態になれば、あとは解決する手段として、問題解決ができる商品をお教えすればいい。そこでお客様が「その方法で解決したい！」となれば、次は契約になります。

いかがですか？　契約までの道筋が見えてきたのではないでしょうか。

私の場合は、大体、初回面談の時に不安の聞き取りから解決策の提示まで一気に行ってしまいます。最初に面談のお約束をする際に「90分から2時間ほどお時間を頂戴しますので、その時間を確保していただけますか?」と伝えておくだけで大丈夫。そうすれば、しっかりお話しできますから、何度も面談の回数を重ねる必要がなくなります。

もちろん、お客様の方が「もっと聞きたいことがあるのに時間がない」といった場合は、もう一度ご説明の日程を取ることもあります。

ただ、何度話しても決めきれないお客様の場合はそこで終了するケースも出てきます。こちらとしても、本気で問題を解決したいと考えている方でなければお力になれないからです。その方は、「私が助けるべき対象ではなかった」というだけのこと。落ち込むことはありません。

営業マンは決して「物を売る」のが仕事ではないと言ってきた意味をお分かりいただけたでしょうか。そのためには「誰を助けたいか」をしっかり決めておく必要があることも、実感できたのではないかと思います。

あなたがお客様に対してどのような解決策を提示できそうか、考えてみてください。

「自分を売る」の本当の意味

営業は物を売るのが仕事ではないと言いましたが、同じような言葉として、先輩や上司から「お客様は商品を買っているわけではなく、人を買っているんだ」「営業マンは、商品じゃなくて自分を売るんだよ！」と言われた経験がある方も多いのではないでしょうか？　営業マンをしていると、一度は聞く言葉です。

こう言われたことで、「自分を売る」とは人柄の良さや付き合いの良さを気に入ってもらうことだと思っている人もいるかもしれません。しかし、それは大きな勘違いです。

「自分を売る」というのは、決して人柄を売り込んでかわいがってもらうことではありません。もちろん、良い人でいるのは別に悪いことではありません。ただ、良い人でいることに酔っていては、営業マンとして果たすべき役割を果たせないので要注意です。

前述したように、営業マンの仕事はあくまでも「お客様の悩みを解決すること」。

つまり、

「この人の言う通りにすれば、この問題は解決するに違いない」

「この人が勧めるものを手に入れれば、きっと幸せな未来が手に入る」

と感じていただけたときに、初めて商品が売れるのです。

これが「お客様は商品を買っているわけではなく、人を買っている」の本当の意味です。

反対に、元々「商品が欲しい」と考えているお客様は、商品しか見ていません。

57ページにも書きましたが、「医療保険に入ろう！」と決めているのであれば、より安くて条件の良いものを求めます。そのため、一社専属の営業マンに相談するのではなく、いろいろな会社の医療保険を比較検討できる「ほけんの窓口」のようなところに行くでしょう。

しかし、その場合は商品力や価格競争になってくるので、大手の商品には勝てません。

ですから、一営業マンがすべきことは「いかに自分を売るか」になってくるのです。

お客様に、魅力的な提案だと思っていただくためにも、営業マンは人がどこに価値を見出すかを想像しなければなりません。

人はどんな時に購入を決めるかご存じですか？　人は痛みを避ける衝動か、それを買うことで得られる快楽を求める衝動のどちらかでしか物を買いません。つまり「これを買っておかないとゆくゆく困ることになる」と思うか「これが手に入ったらうれしい！」と思うかのどちらかにお金を払っているのです。

例えば、「お腹減ったからとりあえずなんでもいいから食べたい」は、痛みを避けた衝動ですが、「おいしい物を食べたいな」と思うのは快楽や喜び。つまり、後者は付加価値に対してお金を払っているわけです。

住宅の購入を例に考えてみましょう。家を買うのは非常に大きなことです。

家を買う理由が「老後住む家に困りたくない」という理由であれば、別に築30年以上経った古い家でもいい。老後に住むことさえできれば良いのであれば、５００万円くらい出せば古い家なら買えて、老後もそこで暮らすことはできます。

しかし、多くの人が数千万円ものお金を払って新築の家を買っています。それは、新築で買うことに価値を見出しているからです。

例えば、「きれいな広い家で伸び伸び子育てがしたい」「休みの日には庭でバーベキューをしたい」「おしゃれなインテリアの家で暮らしたい」といったことが、彼らにとっての付加価値に当たります。新築を買う人は、そういった部分にお金を出しているのです。

その付加価値がない状態で、「数千万円借金を背負ってください」とお願いしても絶対に人はお金を出さないと思いませんか？　しかし、「これを購入したらどんな生活が待っているか」を想像してみると、さまざまな付加価値が生まれていきます。その付加価値が、お金を出すことへの不安を上回ったときに数千万円もする家の購入を決めるのです。

定期預金よりも積立型の保険に入る人が多いのも、同じ構造です。「ただ貯金するだけだったら保険は付いてこないけれど、積み立てていくと保険が付く」ということや「定期預金するよりも増えるかもしれない」ということが付加価値としてあるから、積立型の保険を選ぶのです。

ただ、ここで知っておいていただきたいのは、不安や痛みを取り除くための買い物には、人はあまり高いお金は出さないということ。ネガティブなことを回避するのが目的の場合、得られるものが同じなら、誰でもできるだけ価格を押さえて解決したいと思うからです。ですから、万が一のための医療保険は、どんどん安い商品が売れるようになっています。

一方で、「これだけお金を出せば、より高い価値を得られる」と感じるものであれば、人はお金を出すことを厭いません。投資型の保険などは「たくさんお金を出せば、その分リターンが大きい」と感じるからお金を出すのです。

このように、お客様は自分の望む将来や付加価値にお金を払っています。ですから、営業マンの「自分を売る」の本当の意味は、「解決策や付加価値を提供できる人であれ」ということ。つまり、自分の提案力を売っているのです。お客様はそれをできる人から購入しますし、それは営業マンの力量次第。だから「自分を売る」と言われるのです。

もし、あなたが人柄の良さや付き合いの良さを売りにした結果、お客様に振り回される状態になっているとしたら、ただ都合の良い相手にされているだけの可能性が高いです。「自分を売る」ことができているわけではありません。

幸せな営業マンは、価値を提供できる人だからお客様から選ばれているのです。それが「自分を売る」ことだと覚えておいてください。

クロージングに力を入れない。大事なのは準備

「営業において、クロージングが一番重要なんだ！」

これも、営業をしているとよく聞く言葉です。しかし、私はそうは思いません。私が重要だと思うのは、これまでお話ししてきた初回面談。ここでどれだけお客様の不安を聞けるかに尽きると考えています。

実際、私がクロージングにかけるパワーは全体の1割程度です。クロージングの時点でほぼ話は終わっていて、あとは「契約する」か「しないか」だけ。ですから、「どうされますか？」と聞いて終了、が私のクロージングのパターンです。

もし、うまくクロージングできないのだとしたら、それは初回面談で不安をきちんと聞き出せないことで、お客様に不安が解消した幸せな未来像を描かせることができていないからだと思います。

多くの人の抱えている不安は、漠然としたものです。「あなたはお金に対する不安を持っていますか？」と尋ねると、「イエス」か「ノー」で言えばほとんどの方が「イエス」と答えます。

しかし、「お金のどんなことが不安ですか？」と聞くとはっきりしないことが多いです。「なんとなく、老後のお金を用意しておかないといけないとは思うんですよね」といった答え方をされます。その漠然とした不安をきちんと数字という定量的な形にして、具体化しなければなりません。

例えば、年金額や月々に必要と思われる生活費を計算して、「老後に5千万円必要だ」と実感できれば、人は「まずい」と感じます。これは極めて健全な危機感です。この健全な危機感が出てきて、人は初めて「何かしなければならない」と具体的に考え始めます。

これが非常に重要で、このような健全な危機感が出ると、お客様の方から「私、月々これだけしか積み立てられないのですが大丈夫でしょうか？」と聞いてこられます。

もし、あなたの業種が数字に換算できないものであれば、現状をそのまま続けた先にある未来像と、その商品やサービスを購入した後の未来像がどのように違うのか、ギャップを感じさせてあげることが大切です。

例えば、住宅の場合、「持ち家対賃貸」の問題は、損得を軸に語ると永遠に答えは出ません。どちらにも一長一短あるからです。しかし、お客様が老後の住まいの不安を感じているのであれば「その不安を払拭できるのはどちらか」という話ができます。

「家を買うと、もちろんローンを払い終える必要はありますが、払い終われば一生の住まいが確保できます。そう考えると、『家を買う・買わない』を選択するのであれば、あなたにとってはどちらの将来の方が明るいですか？」と話すことができます。

積立型の保険も同じです。必要としている金額に対して、しっかり積み立てて将来の資金を作った未来と、ただ貯金だけで作った未来を、老後資金として照らし合わせてあげる。そうすると、そこにはギャップが生まれます。

例えば、将来5千万円必要だとなった場合、「今からあなたが毎月20万円、20年間貯金し続ければ4千800万円貯まりますが、貯金できますか？」と聞くと、ほとんどの方はできないと答えるでしょう。

そこに対して「この積立型の保険であれば、無理なく必要な資金に近づける可能性がありますが、どうされますか?」と伝える。そうすることで、必然的にその商品を買った方が、その方にとっての明るい未来が待っているという図式を浮かばせてあげれば良いのです。

人は、自分が本当に手に入れたいものが明確になった瞬間に行動します。ですから、どれだけ具体的にそれをイメージさせられるかが鍵になります。

車の営業マンが、高級な車ほど何日もお客様に貸し出すのもこのためです。その高級車に乗っている自分の未来を体験させる。「これを買ったら、毎日この生活が続くんだなあ」と想像させるために貸し出しています。返却後、いつもの車に戻るとそこにギャップが生じるので、「あの車、本当に良かったな。ローンを組めば買えるかな」と真剣に考え始めます。「買うかどうか」ではなく、「買うとしたらどのような手段で取り組めばいいか」というところに意識が転換していくのです。

もし、そこで「やっぱりうちは要りません」と言われたら、それはどこかに不安を感じているということ。どこに不安を感じているかを聞き出して、その不安を解決していけばいいだけです。断り文句は「情報」に過ぎないのですから。

このように考えると、大事なのはクロージングではなく、不安や要望を聞き取ること。そして、その不安を解決した未来や要望が叶って幸せになっている姿をいかに想像させられるかであることが、お分かりいただけたのではないでしょうか。

そこまでできれば、クロージングは「どうされますか？」と確認するだけで大丈夫です。ただし、間違っても自分から「ご検討くださいね」と言って、結論を出さずに帰るようなことだけはしないでくださいね。「買いますか？　買いませんか？」とお客様の意思を確認するのがクロージングなのですから。

「聞いてください」とお願いする側から「聞かせてください」と頼まれる側に

これまでお伝えしたことを実践していくと、営業マンの立ち位置が変わります。お客様の方から「その話、詳しく聞かせてください！」「その方法、教えてほしい！」と言っていただけるようになるのです。

営業マンの多くは「良かったら私の話を聞いてください」というスタンスで初回のアポイントを取っているのではないかと思いますが、それでは話が進みません。私たちは、お客様の不安をきちんと聞き出して、「この人は、私の不安を解消してくれる人なんだな」と思っていただかなければならないのです。

うまく行っていない営業マンは、それをせずに商品の説明に入ってしまっているのではないかと思います。

解決すべき問題点を明確にしないままに、「こういう商品があってですね……」と商品の話をし出すと「話は聞いてもいいけど、買うかどうかはわからないよ」とその商品を「買うか・買わないか」が争点になってしまいます。お客様が「聞いてあげる」スタンスになっているのも良くありません。

そのまま話し続けると、「それなら他社にもっと安いのがあるんじゃないの?」「見比べてから決めたいな」と価格やスペックの話になりますし、お客様の中で買わない理由が積み重なってしまいます。

また、よく営業では「イエスを取れ」と言われたりもします。これは、お客様に「ノー」と言わせない聞き方をしろ、ということ。しかし、私はあまりこの方法は勧めません。なぜなら、「この商品があったらいいと思いませんか？」という聞き方をされたら、「はい」としか言いようがないからです。これは、お客様に選択させずにただ「イエス」に誘導しているだけ。こういった詰め方をされると、お客様も「はい」と言わされているのは感じるので、だんだん嫌になってくるのです。

そうではなく、

「ご自身の望んでいる将来像に近づくために、この商品は効果的だと思われますか？」

といった聞き方で、お客様の要望を叶えるものになっているかどうかを判断してもらえばいいのです。

提案した商品は、あくまでもお客様の願いを叶える手段です。そして、お客様からすると、願いを叶えるための手段を提案してくれる営業マンは「自分の願いを叶える方法を教えてくれる人」であるため、その情報を聞きたくて仕方がない心理状態になっています。この方法であれば、あくまでも提示しているのは解決策なので、商品のスペックも何の商品の営業であるかも関係ありません。

あなたが何の営業マンだったとしても、お客様が抱えている不安を解消したり、願望を実現したりする方法を提示できるのであれば、「お教えしましょうか？」と言うだけでいい。そうすれば、お客様は「ぜひ聞かせてほしい」という姿勢になります。話を詰めていくというよりも、お客様の方から、一歩一歩近づいてきてくださるような感覚です。

こういった形を作り出すためには、何度も言っているように不安の聞き取りが欠かせません。「不安」は、なりたい姿の真逆の話ですから、不安の裏側にお客様の実現したい姿が潜んでいるのです。

ここでもう一つ大切なのは、情報をお話しする際にリスクもきちんと伝えることです。例えば、「ただ貯金して200万円しか貯まらないのと、同じように貯めるだけで400万円になる可能性があるものがあれば、どちらを選びますか？　もちろん絶対ではないですが、その方法をお伝えできます。聞かれますか？」とお話しすると、「そんなうまい話あるわけない」と言う方も出てきます。

しかし、きちんとリスクを伝えるスタンスでいれば、

「そうです、もちろんリスクもあります。ただ、リスクもきちんと理解された上でどうされるかを選んだらいいのではないでしょうか？　その方法があるとしたら検討されますか？」

と言えばいいだけのこと。そうすると、大体の人が「聞いてみたい」と思うはずです。

実際、私が資産形成の話をしている際に、あるお客様が「そんなうまい話、あるわけがない」と、ボソッと呟いたことがありました。その際、私は「ちょっとお伝えしますね」とお断りして、次のようにご説明しました。

「もちろん、うまいだけの話をするつもりはありません。ただ、心にそんなフィルターを掛けたまま話を聞くのであれば、お互い時間の無駄なのでやめた方がいいと思います。どうされますか？」

私には「家計を助ける」「資金的な不安を解消する」という使命があります。その使命のもとでお話しているので、怪しいものをお勧めしているつもりは一切ありません。

毅然とした態度でお話しすると、お客様は「すみません、聞きます」と言ってくださったので、そのまま続きを話しました。当然リスクに関しても伝えました。

話し終えて、「そんなにうまい話ではなかったでしょう？」と聞くと、「そうですね、うまいだけの話ではなかったです」とご理解いただけました。

ここで私がきちんと「心外である」というニュアンスを込めてお話ができたのは、使命を持って仕事をしているという自信と、「お客様のお金の不安を解消する仕事をしている」という自負があったからです。

営業の仕事はお客様を幸せにする仕事。そう考えれば、お客様とお話しするスタンスも変わってきます。どうぞ、「物を売る」のではなく、お客様の幸せな未来を実現できる人になってください。

6

幸せな営業マンは
次のお客様がすぐに見つかる

6

幸せな営業マンは
次のお客様がすぐに見つかる

幸せな営業マンは、確度の高い紹介がもらえる

なんとか手に入れた紹介。しかし、いざ行ってみたら「○○さんからの紹介だからとりあえず話聞くけれど、30分だけね」と、冷たくあしらわれた経験がある営業マンも多いのではないでしょうか。

営業成績は、紹介の質で決まると言っても過言ではありません。紹介の仕方によって、初めて会う時のお互いのテンションがまったく違ってくるからです。

あなたは普段、どのような形で紹介をいただいていますか？

「どうか！　誰かお一人でも結構なので！」という〝お願い営業〟になりがちな方。あるいは、

「私たちはご紹介で成り立っておりまして。10人ほどご紹介いただける方のお名前書いていただけないでしょうか？　それで、もしよろしければ『こういう人がいるから会ってみて』という程度で構いませんので、上から順に今からご連絡入れていただいてもいいでしょ

うか？」

と、少し強引に紹介をお願いしてしまう方もいるのではないでしょうか？

こういった紹介の仕方だと、まず質のいい紹介は望めません。なぜなら、こんなことを頼まれるのは、お客様にとって面倒でしかないからです。特に後者の方法は、下手するとせっかく契約してくださったお客様からの信頼もなくしかねません。会ってくれることになった新しいお客様も、「何か買わされるんじゃないか」と警戒していることでしょう。これではなかなか契約に至らなくて当然です。

このように、紹介していただく時の状況次第で、初回面談のハードルの高さが左右されるのです。そうなると、いかに質の良い紹介をいただくかが鍵になってきます。

質の良い紹介をいただくには、お客様に「紹介してあげたら、相手にも良いことがありそうだ」と思っていただく必要があります。

一つは、自分の信念や思いを再度伝える方法。とても簡単な方法です。契約の最後に次のように切り出します。

営業マン「今回、どういった経緯で○○さんがこの保険に入られたか、確認してもいいですか？」
お客様「老後資金を作るためだね」
営業マン「○○さんは、この保険に入られたことで、何が解決できそうですか？」
お客様「老後のお金の不安かな。多分、老後資金はこれで解決できそうだね」
営業マン「よかったです。私はそのお力になれましたか？」
お客様「うん、ありがとう」
営業マン「お力になれたようで、私もうれしいです。○○さん、私たちが一番、お客様にちゃんと満足していただけたんだなと実感できる瞬間をご存じですか？」
お客様「え？　いつなの？」
営業マン「実は、ご紹介をいただいた時なんですよ。なぜなら、やはりお客様から『この人だったら自分の知人を紹介してもいい』とご紹介いただいた時が、信頼のブリッジが築けた瞬間だと私は思っているからです。なので、もし満足していただけたのであれば、○○さんの中で一番助けたいと思われる方を3人で構いませんのでご紹介いただけないでしょうか？」

このようにお伝えすると、たいていの場合「おお、それなら誰か紹介しようかね」とご紹介してくださいます。

このような形でいただくことができた紹介と、「誰か紹介してください！」と強引にお願いした紹介では全然違うと思いませんか？

紹介をしていただく時に、次にお会いする方との付き合い方がほぼ決まってしまう。そう考えると、とにかく「誰でも良いから」と無理矢理紹介してもらった方が箸にも棒にもかからないのは当たり前です。

そんなことを繰り返していると当然断られ続けますから、営業マンはどんどん自信を失っていきます。すると、また「どうにかご紹介していただけないでしょうか？」とお願いすることになってしまい、また質の悪い紹介が来て、断られて……という負のスパイラルにハマることになってしまいます。

これは、私にも経験があります。年収が1千万円からガタ落ちした時は私も「とりあえず誰か紹介してください」といった状態になっていました。ですから、焦る気持ちはよくわかります。

この負のスパイラルから抜け出るには、どこかで質の良い紹介につながるような契約をしていかなければなりません。そのための方法が、5章でお伝えした方法です。自分のことや自分の言いたいことばかりを話すのではなく、しっかりお客様の不安を聞き出し、それを解決することに徹する。そうすれば、「問題を解決してくれた人」「願望を叶えてくれた人」になれるので、次の紹介は前向きな紹介になる可能性が高くなります。

ちなみに、私は今、特に紹介のお願いはしていません。面談と契約が終わった後に、「○○さんのご紹介なら無料で相談に乗れるので、もしご紹介したい方がいたら、その時はお声かけください」

とお伝えするだけです。

そうすることで、「紹介無料なら気兼ねなく紹介できるな」と思っていただけます。

これは、私が「保険の営業マン」という立場ではなく、「暮らしにまつわるお金の相談に乗ってくれる人」という立ち位置を作っているからできる方法でもあります。

ただし、そのように伝えたからといって、すぐに紹介をいただけるわけではありません。

この方法の場合、ご紹介いただけるのは、その方がお友達とおしゃべりしている中で「家を買おうと思っている」といった話題が出た時や、老後資金の話が出た時です。そういった話題の時に「老後のお金ってすごく掛かるでしょう？　この前相談したら安心できたよ」「え、なになに？」といった会話になりやすいので、そこで紹介していただけるケースが多いです。ですから、思い出していただきやすい存在になっておくことが大切です。

そうすると、ごきょうだいやお友達が家を買うといった話が出た際に、

「姉が家の購入を考えているんですけど」

「ああ、いいですよ。じゃあご相談に乗りましょうか」

と、あくまでも「頼られる立場」でご紹介がいただけます。

私自身の集客方法で言えば、他にもセミナーなども開催しているので、そのセミナーの参加者から「もっと詳しく話が聞きたい」「具体的にどうしたらいいかを相談したい」といったお声がけをいただいています。このように、お客様からの紹介に頼らなくても集客できるようにしていることもあって、無理矢理ご紹介をいただかなくても大丈夫なのです。

紹介をいただけなくて苦労している方は、やはり「誰を幸せにしたいのか」をしっかり

と見つめ直して、まずは目の前のお客様をしっかり幸せにしましょう。その方が満足してこその紹介です。そうすれば、今よりももっと質の良い紹介をしていただけるようになるはずです。

〝ハブ空港〟になることが紹介への近道

営業マンの中には「紹介をいただくためには、人脈づくりが大事」と思っている方も多いのではないでしょうか？

「人脈づくりのために」と異業種交流会に足を運び、そこで知り合った人たちと飲みに行き……と、やたらと飲み会が多くなっている営業マンもよく見ます。別に悪いことではありませんが、お金と時間ばかり掛かって結果が出ていないのであれば本末転倒です。

彼らが作っているのは「商売できる相手」を探す人脈づくり。しかし、営業マンが本当に作らなければならない人脈は、そうではありません。

私が考える「つくるべき人脈」とは、「お客様の課題を解決するための人脈」です。私自身では解決できないことに、対応できる知識や技術を持った知り合いをしっかりつくっておく。そうすることで、お客様に何かあった時に、自分の守備範囲外の分野であっても相談に乗ってあげられるからです。

例えば、お客様がお友達と話していて「実は、離婚を考えていて……」という話になった時に、「自分には弁護士の知り合いはいないんだけど、そういう人とつながっている人だったら紹介できるよ。聞いてみようか？」と私のことを思い出していただける。「不動産を買おうかな」「相続が発生しちゃった」といった時に「幸さんに相談してみよう」と思っていただける。そんな存在になることを意識しています。

つまりこれは、「ハブ空港」のような状態です。どのような問題であっても、解決につながるために一旦経由（相談）する場所。「あの人に相談すれば、解決してくれる」、または「解決するために必要な人を紹介してもらえる」と思っていただける人になるということです。

そうすると、いろいろな方を紹介していただけますし、自分には直接解決できなくても、解決できる人を紹介することでお客様に喜んでいただけたら、次につながります。結果的に、そういったつながり方のほうが質の良い紹介になることが多いです。

また、自分がお客様に提供できる解決策と親和性のあるお仕事をされている方や専門家の方とつながることも意識しています。

なぜなら、そういった方とのつながりができれば、一緒にセミナーなどを開催することができるからです。そうすれば、「助けたいな」「幸せにしたいな」と思っている方々に役立つ情報を提供する機会がつくれますし、自分が助けたいと思う方々との出会いの場にもなります。

このように考えれば、「とにかくたくさんの人と知り合ってつながらないと！」と思う必要もありませんし、人脈づくりのために夜な夜な飲み会に出かけていく必要もありません。

実際、私は付き合いの飲み会にはほとんど行きませんし、異業種交流会などに参加することもありません。家族との時間を大切にする生活を送っていても、紹介はいただけています。

お客様が困った時に思い出してもらえて、助けたい方々を助けることができる「ハブ空港」は、非常にいいポジションだと感じています。

あなたも「ハブ空港」になって、お客様や周囲の方々から頼られる存在になってください。

不安になった時に安心させるのが、本当のアフターフォロー

アフターフォローというと「近くまで来ましたので！」と顔を出したり、電話を入れたりに力を入れている方も多いかと思います。それが悪いわけではありませんが、やはり大事なのは「何かあった時に相談できる相手」というポジションを作っておくことです。

その上で上手に活用したいのはＳＮＳです。LINEやFacebookでお客様とつながっておくと良いでしょう。

「あまりマメに投稿できない」「得意ではない」といった方もいるとは思いますが、こういっ

たツールを使う目的は、いざという時に思い出していただけるようにつながっておくこと。ですから、私は投稿回数よりもタイミングが大切だと考えています。

私であれば、資産運用をしているお客様も多いので、コロナショックなど経済的な打撃があってニュースなどでも騒がれているような時に、

「今、株価が下がっていてご不安もあると思うので、アフターフォローのお時間をとっていますが、いかがですか？」

といったメッセージを送っています。

私のお客様には「老後のお金が不安」と思って積立型の保険に入っている方が多いため、社会不安のような状況はキーポイントになるからです。

面談のお知らせに限らず、記事投稿やYouTubeなどで、お客様が不安に感じている事象の解説や、社会情勢が不安定な時にどうしたらいいのかといった情報提供を行うのも効果的です。これもアフターフォローの一つと言えます。

私の持論になりますが、お客様は日々顔を見せに来る人よりも、何か困っている時にこそ声を掛けてくれる人の方に信頼を感じるのではないかと思っています。ですから、普段

から情報収集したり、さまざまな物事にキャッチーになって、「ここぞ」という時に声を掛けたりする方が「そうなんです！　不安になっていたんです！」と喜んでいただけるのではないでしょうか。

車の営業マンだったら「そろそろメンテナンスの時期だな」という時、クラウドソフトの営業マンだったら、新入社員が入る時期などは使い方の指導やアカウントの発行などで相談したい頃が、それに当たるのかもしれません。そういったタイミングで「お困りじゃないですか？」と声を掛けると良いでしょう。

お客様は、そういったタイミングで声を掛けてくれる方が「売りっぱなし」にされていないと感じるのだと思います。

コロナ禍になって、「得意先に顔出しができない」と困っている営業マンも多いかと思いますが、直接会わなくても「お客様がどんなことで困っているか」を想像することはできるはず。その困り事を解決する適切な方法を考えて、お伝えすればいいのです。

私たち営業マンは「お客様の悩みや不安を解決できる人」であり、お客様が幸せになるお手伝いをするのが仕事。そう考えると、あちらこちらに顔を出して回る以外にも、今だからこそできることはあるのではないでしょうか？

どのようなことが、自分のお客様にとって役立つことか、ぜひこの機会に考えてみてください。

助けたい人が困っていることを伝えるセミナー営業

前項でも少し触れましたが、セミナーもお客様とつながることができる手段の一つです。しかし、セミナーを開催しさえすれば誰でもうまく行くかというと、そんなことはありません。

みなさんの中にも、セミナー営業に取り組んでいる方がいらっしゃるはずです。しかし、開催してみたものの続かない方や、うまく行かなくてやめてしまった方もいるのではないでしょうか。

もしうまく行っていないのだとしたら、あなたが何のためにセミナー営業を行っているのかを考えてみてください。理由として、集客や売上アップが真っ先に浮かぶとしたら、それがうまく行かない原因です。もちろん、ただのセミナーではなく「セミナー営業」ですから、集客や売上を考える気持ちもわかります。

しかし、セミナー営業において最も大切にすべきことは、「誰を助けたいか」という思いです。

なぜなら、助けたい人がはっきりしなければ「何を語るか」が決まらないからです。助けたい人がいれば、その方々がどのような悩みを抱えているかを想像すればいい。

私が助けたいと思っている子育て世代の方々は、お金の不安はもちろんのこと、他にも育児の悩みや育児と仕事の両立など実にさまざまなことに悩んでいます。ですから、私はそのお悩みに対して解決策を提示できるようなセミナーを行っています。

その一つが、「イライラしない子育て術セミナー」です。私は選択心理学を勉強したことがあるので、セミナーではそれを子育てに活用する方法などを教えています。こういったテーマは親御さんのお悩みに即しているので、みなさん話を聞きたがります。

このセミナー、一見保険の営業には結びつかないように見えますが、そんなことはありません。

このセミナーで話すのは「自主性のある子どもを育てる方法を知ることで、イライラしなくて済むよ」という内容です。約束した時間になったら自分でゲームを止める。宿題はいつするか決めて自主的に取り組む。そういったことを自主的にできる子どもに育てる方法を教えています。「早く宿題をしなさい！」「いつまでゲームやっているの！」といつも小言を言っている親御さんからすれば、当然知りたい情報です。

では、自主性のある子に育ったとして、その子が高校生になったら何と言うと思いますか？　きっとこう言い出します。

「お父さん、お母さん、私は○○大学に行ってこれを勉強したい」

「俺、留学したい。自分が目指す道に一番近いから」

お子さんが自分で進路を考え、親に相談してくるのは自主性があるからです。素晴らしいことだと思います。しかし、その時に何が必要になるかというと、お金です。ですから、自主性のある子に育てるのであれば、親はきちんとお金を用意しておかなければなりません。

このように説明すると、親御さんたちは「じゃあ、どうやってお金を準備したらいいですか？」と前のめりで私の話を聞いてくださいます。

これは、「あなたも同じようなセミナーをしなさい」と言いたいわけではありません。正直なところ、セミナーのテーマは何でもいいのです。大事なのは、「セミナーに、意義付けや意味付けをきちんとできていますか？」ということ。

お客様がどのような心理状態でいるのか、どんなことを解決したいと思っているかをしっかり考える。そして、その解決策になることと自分の商品を結びつけることができれば、その方々を助けることができる。その状態を作り出すことが大切なのです。

そのためには、使命が不可欠です。自分が仕事を通して何を果たしたいのか、自分の人生を使って何を実現していくのかが決まった時に、取り組むべきことが見えてきます。セミナー営業もその一つです。「この情報をお伝えしたら、私が助けたい人たちがきっと楽になる」と思ったら、セミナーをしたいと思うようになるでしょう。

人は、「私は何に対して役に立っていくのか」という使命が見つかれば、そちらに向かって勝手に動き出します。「あの方々を助けるには、あれも伝えなければ」「自分にはこれもできるんじゃないか」と、取り組むべきことがどんどん湧いて出てくるからです。

この気持ちが育まれることは、自信の醸成にもつながっています。自信がつけば営業もうまく行く。ですから、やはり幸せな営業マンとして働き続けるためには、使命が最重要なのです。

このように考えると、セミナーを開催して伝えたい情報が思い浮かんだ方もいらっしゃるのではないでしょうか？　もちろん、伝える方法はセミナーでなくても構いません。

あなたの知っている情報で、あなたが助けたい思う方々が幸せになる手助けをしてあげてください。成果はその先につながっていますから。

7

幸せな営業マンに近づくヒント

ポン
伊藤《イトウ》 敦子《ノリコ》
あっ
ありがとうございます!
ペコ!
私 シングルマザーだし 子どもの学費がずっと不安だったんです
でも持田さんのおかげで目算が立って準備する安心しました
これが「お客様の不安を解消する」ってことか…!
ハッ…
そう言っていただけて私もうれしいです!
にこっ
友人も子どもの学費で悩んでいたので持田さんのこと紹介していいですか?
!
ぜひ!

ざわ
ざわ
ざわ
ざわ
?
ヒソ
ヒソ
何かあったんですか?
実は…
ダダダダ
笑美先輩!
会社辞めて独立するって本当ですか!?
…僕…今日お客様に喜んでもらえました
笑美先輩のおかげです
それはよかった…

それで僕は
「家族が安心して暮らせるお手伝いをしたい」と思えるようなって…
だからまだいろいろ教えてください!
よかった
持田さんも使命が見つかったんですね
どうすればその使命を全うできるかを考え続けて行けばいいんですよ
笑美先輩…
最初に言ってたでしょ
持田さんはいい営業マンになれますよって…

はい…！
数年後…
くっそ〜！
ああああ
またダメだった…
ズゥン
めそめそ
お疲れ様
コトッ
ずいぶん
落ち込んでるね
持田主任!!
わ
あっ
僕は
どうしたら
主任みたいな
営業マンに
なれますか!?
…話
聞こうか

これまでは、幸せな営業マンになるために必要なマインドセットや使命の見つけ方、具体的な営業の方法について話してきました。

ここからは、身に付けておくと、きっとあなたを助けてくれるであろう手法や技術などについて、ご紹介したいと思います。

自己投資をしよう

あなたは何にお金を使っていますか？　幸せな営業マンになるには、お金の使い方も重要です。

あまりうまく行っていない営業マンの中には、お酒やタバコにお金を注ぎ込んでいる人も多いように感じます。反対に、「イケイケタイプ」のように、うまく行っているからと服飾品や車に高額を費やしている人も「良いお金の使い方」をしていると言えるか疑問です。

では、何にお金を使うべきか。それは、ずばり自己投資です。

幸せな営業マンは、自分が必要とする能力を身につけるためにお金を使っています。ウェブ上でもいろいろな情報を手に入れることはできますが、やはり有料のものの方が良質な情報を手に入れられます。ですから、お金は掛かりますが、セミナーや本などに使うお金は、幸せな営業マンになるためには惜しまないでいただきたいところです。

私も、これまでにかなり自己投資にお金を使っています。自分の将来を見据えて、早い段階からかなりあちらこちらのセミナーにも参加し、本も読んで勉強してきました。費やしたお金は数千万円になっているのではないかと思います。

私ほどお金を掛けないにしても、自分磨きのためのお金はあまりケチらずに使ってほしいですね。なぜなら、自己投資は一番信頼できる投資だからです。

お客様に会ったからといって、必ず契約というリターンがあるとは限りません。株式を買ってもそうです。株価が上がるかどうかの保証はありません。

しかし、自己投資は違います。自分が必要だと思うものを身につけるには、自分が頑張ればいい。自分の頑張りは自分でコントロールできることです。そのようにして身につけた知識や技術は、必ずあなたに成果をもたらしてくれます。

中には「たくさん本も読んでいるし、セミナーにも行っているけれど、そんなに身につかないよ」と思う方もいるでしょう。その方と幸せな営業マンの違いはとてもシンプルです。

インプットするばかりで実行に移していないか、「せっかく学んだから試してみよう」と考えて実践するかの差です。

本も読むだけ読んで、「ふーん」と思って終わらせていたり、せっかくセミナーで学んでも「どうせ自分がしてもうまくいかないよ」と思って実践しなかったりするようであれば、いつまで経っても身に付くはずがありません。

もちろん、自己投資をするかしないかはあなたの自由です。ただ、「する」か「しない」かだったら、どちらの方があなたの目指す姿に近づけますか？　あなたが幸せにしたい誰かのために必要な能力や知識があるなら、それを習得しないまま営業を続けていいのでしょうか？

勉強するのを億劫に感じる気持ちはわかります。お金も時間も掛かりますから。しかし、する・しないで迷ったら、「どちらがなりたい自分のために効果的なのか」を判断基準にしていただきたいですね。

「なりたい自分になるために、このセミナーを受けるんだ！」

「この本を読めば、あのお客様の役に立てるかもしれない」

そう考えて勉強して、学んだことを実践できるようになれば、そのことで自信も付いてきます。

「あの本に書いていることを実践したからか、今日はお客様が話を聞いてくれたな」と思えたら、自信につながると思いませんか？

自己投資は、自分次第で大きなリターンを得られる投資です。そして、そのリターンは、あなたがお客様を幸せにできる力を得た結果、返ってくるものでもあります。

なりたい自分に一歩一歩近づいて、お客様を助けられる幸せな営業マンを目指しましょう！

あえての沈黙で信頼度をアップ

「お客様の不安をよく聞きましょう」とお伝えしてきましたが、「うまく聞き出せない」「お客様がなかなか話してくれないから自分ばかりが話してしまう」などの悩みを抱えている方もいるのではないでしょうか。

そんな方にお勧めなのが、「質問を投げかけたら、相手が答えるまで何も言わずに待つ」という方法です。いわゆる「間を作る」ということです。

人が話し出すまでの「間」は、その人が自分の考えをどのように表現すればいいかを考えている時間です。しかし、人は沈黙が苦手なので、沈黙が続くと「何か話さないと！」と思ってしまい、つい質問を重ねたり自分が喋り出したりしがちになります。気持ちはわかりますが、相手が話し始めるまで少し待ってみましょう。

質問を投げかけた後に、「どう思われますか？」と聞いて、黙って待つ。それだけで、相手は考える時間ができますし、営業マンも非常に落ち着いた人に見えます。落ち着いて話す人の方が説得力があるように感じるので、一石二鳥です。

しかし、新人営業マンや「ダメダメタイプ」のように自信がない人は、相手が黙っていると、自分の説明が拙《つたな》いから伝わっていないのではないかと心配になり、どんどん言葉を重ねてしまいます。そのように一方的に話していると、相手は心を閉ざしてしまって「もういいや」となってしまうのです。

これは、話し過ぎてしまうタイプの営業マンにも有効です。自分では、話し過ぎていることに意外と気が付かないもの。しかし、相手の目がどんどん伏せがちになってきたり、スマホを触るなど他のことをし始めたりすると、「喋り過ぎ」の警告です。

その場合は、同じように間を取ったり「どう思われますか？」と投げかけたりすることで、相手の注意をこちらに向けることができます。また、早口の人は、話の最後に「どう思われますか？」と入れるだけで不思議と落ち着いた人のように見えるので、ぜひ試してみてください。

営業マンにはよく喋る人とあまり喋らない人がいると思いますが、「営業マンはこちらのタイプが良い」というのはありません。

ただ、信頼されるのは「話を聞いてくれる人」です。「この人は私の話を聞いてくれる人だ！」と思うと、相手は話したくなるもの。そう考えると、喋りすぎる人は「聞いてくれる人」にはなりづらいので、相手の信頼を得るのは難しくなるでしょう。

とはいえ、このように言うとお客様の前でずっと黙っている人もいますが、それは大きな勘違いです。

何も質問しなければ、当然お客様は話してくれません。自由に話し出すお客様もいると思いますが、こちらの聞きたい話とまったく関係なければ意味がありません。お客様の話を聞くためには、聞き出すための効果的な質問をしなければならないことをお忘れなく。

そのように考えると、基本的に信頼される話し方というのは、

・落ち着いた語り口調である。
・適切な質問ができて、相手の答えにしっかり耳を傾けることができている。

ということです。

なんとなくうまく相手と話せていない気がする方は、「相手の目に自分がどのように映っているか」を意識してみるといいかもしれません。

話し方ひとつとっても、大事なのは「自分がなりたい姿に対して、効果的なのはどちらか」と考えること。それをしっかり考えれば、話すのが苦手な人でも「何をしなければならないか」が見えてくるはずです。

あなたは、あなたが「助けたい」「役に立ちたい」と思う方の不安を解消しに行っているのです。そう思えば聞きたいことも出てきますし、それを聞き出すためにはどのような質問をするべきかということも浮かんでくるのではないでしょうか？

質問をしたら、相手が話し始めるまでしばらく黙る。ぜひ試してみてください。

手の使い方とアイコンタクトでより「伝わる技術」を身に付ける

営業マンがぜひ身に付けておくと良いのが、手と目の動きです。特に、手は非常に雄弁で、自分が話した言葉以上の説得力や誠実さを演出する手伝いをしてくれます。営業マンには、指先の動きまでしっかり気を遣っていただきたいものです。

例えば、物を指すときに、指一本で指しながら「こちらが」と言うよりも、指先を揃えて手全体で指した方が丁寧な印象になります。

お客様に対して「どう思われますか？」と投げかける際にも、ただ言葉だけで伝えるよりも、手全体でお客様を指しながら「どう思われますか？」と言うと「あなたの意見が聞きたいのです」といった雰囲気が出ますし、聞き手は話に引き込まれるでしょう。

「お任せください！」と言う時も、口で言うだけでなく、自分の胸に手を当てながら言うと、頼り甲斐や誠実さが醸し出されます。

手の動きひとつで、人に与える印象が大きく変わるのがイメージできるでしょうか。

まず、どのような動きが説得力や誠実さを感じさせるのか、研究してみてください。ご自身が「この人の立ち居振る舞いは説得力があるな」と感じる人の立ち居振る舞いを見ておくのも良いですし、マジシャンの手の動きを観察するのもお勧めです。

マジシャンは、手の動きで持っているものを隠したり、人の意識をそらしたりするので、手の〝見せ方〟がとてもきれいです。じっくり見てみると、「物を指す時にはこのような動きをするといいんだな」「こういう動かし方をすると注目を集められるのだな」といったことが分かってくると思います。

また、手話通訳をしている方の手の動きも非常に参考になります。手話は、手の動きで意思疎通を取っているので、自分を指す時、相手を指す時、何かを伝える時の仕草に意味や感情が乗っています。その動きをしっかり見ておくと、どのような動きが効果的に伝わるかが分かってくるでしょう。

いくつか動きのパターンを頭に入れたら、実際に鏡の前で動きを練習してみてください。慣れないうちはもたもたしますし、気恥ずかしくてうまくできないこともあると思います。しかし、最初のうちはそれで構いません。うまくできないから練習するのですから。

気恥ずかしい人は、「敏腕営業マンを演じているんだ」と思ってください。敏腕営業マンになりきって動いているうちに、自然にその動きができるようになっていきます。たかが手の動きと思うかもしれませんが、この効果は絶大です。人に与える印象は大きく変わりますから、自信がない人ほどぜひ身に付けてください。きっとあなたの力になってくれるでしょう。

もう一つ、雄弁にあなたを表現してくれるものがあります。それは、目の動きです。一番大事なことを伝えるときは、きちんと相手の目を見るようにしましょう。

相手が何かメモを取っていたり、飲み物を飲んでいたりすると、相手の目線は下がっています。こういった時にいくら話し掛けても、相手は話を聞いているようで聞いていません。

目が合わない状態になっていたら、間を取りましょう。沈黙になると相手は「あれ？」と思って顔を上げます。顔を上げてこちらを見た時がチャンスです。絶対に聞いてほしいことは、その瞬間に伝えましょう。

アイコンタクトが取れた状態になることで、相手はこちらに意識を向けた状態になります。その時に伝えることで、伝わる度合いは格段に上がります。

細かなことですが、こういったことを一つひとつできるようになるだけで、話の伝わり方や誠実さ、説得力などが上がることは間違いありません。練習すれば誰にでもできることなので、早速意識してみてください。

そうそう、最後にもう一つアドバイスを。立つ時には下腹……「丹田」と言われるヘソの下あたりに力を入れて立ちましょう。それだけで、シャキッとして見えます。

伝えたい「思い」はあるのに、立居振る舞いできちんと伝わらないのは非常にもったいないことです。手や目の動きを味方につけて、〝伝わる〟伝え方を身に付けてください！

人付き合いのルール

営業は、とにかく付き合いが良くないといけないのではないかと思う方もいるかもしれませんが、そんなことはありません。仕事においても、付き合う相手は自分で決める。当たり前のことのようで、できていない人はたくさんいます。

１７７ページの「ハブ空港になろう」でも書きましたが、私は接待も飲み会も行きたくなければ行きません。なぜなら、「飲み会と売上は関係ない」と自信を持っているからです。また、やたらと要求が多いお客様もいると思いますが、仕事に関係のないことであれば私は断ります。人に振り回される人生を送りたくありませんから。

もしあなたが、お客様に振り回されたり飲み会に付き合わされたりして疲労困憊しているのであれば、一度現状の分析をしてみてください。お付き合いした結果、きちんと売上が上がっているのであればその手段は有効なのでしょうし、続けてもいいと思います。しかし、効果が出ていないのであれば、他の方法を考えた方が良いでしょう。その付き合いに意味がないということなのですから。

「得意先だし、簡単に断れないよ！」と思う人もいるかもしれません。

断るのが怖い方は、想像してみてください。もしその人との付き合いがなくなったときに、本当に困ることはありますか？　そんなお付き合いをして良いことはありますか？「断ったら仕事がなくなってしまうかもしれない」と思って遅い時間まで付き合ったせいで、次の日は早く起きられないし気分も悪い。そんな状態であれば、何も良いことはありませんよね。その結果、他の仕事に悪影響が出ているようでは意味がありません。

飲み会や理不尽な要求を断ったことでなくなる仕事ならば、私はそれでもいいのではないかと思います。そんなことに振り回されることなく、あなたの提案力を買ってくださるお客様を大切にしながら、そういった方を増やしていく方がよほど健全です。

仕事をしながらも家族と過ごす時間や勉強する時間を確保するためには、あらかじめそういったスケジュールで動かなければなりません。

自分の人生の主導権は、自分が握るのです。

余談ですが、私がもう一つ決めていることがあります。それは、貸しは作っても借りは作らないこと。ですので、おごられたままにはしないようにしています。

年上の方との食事だと確かにその場で甘えることはありますが、後から何かお礼の品を送りますし、年上の方でも遠方から来てくださった方であれば私が出すようにしています。これは単に私の主義ですが、貸しは作ってもいいけれど、借りを作ってもいいことはないと思っているからです。ただ、貸しもお金と一緒で、貸しても返ってこないと思っています。

貸し借りについては、「そうした方がいいよ」という話ではありません。ただ、「自分はどのように生きたいか」を決めるのはとても大事です。特に時間は誰にとっても貴重なもの。すべての人に24時間しか与えられていないものですから、それを何に使うかは「自分がどうありたいか」に直結しています。

あなたは、あなたの望む生き方を生きていい。仕事もプライベートも、どんな自分でありたいか、しっかり考えてみてください。

周囲の人を味方につける

幸せな営業マンは人間関係が良い、と書きましたが、会社の人たちや家族との関係性も仕事をしていく上では重要です。なぜなら、自分一人の力でできることには限界があるからです。

社内であれば、営業のサポートをしてくれる営業事務のみなさんがいなければ仕事は回りません。うまく行かない日々が続いた時に「一緒に勉強会しようか」と声をかけてくれる同僚がいてくれたら、つらい気持ちも和らぐことでしょう。

後輩をきちんと指導して導くことができる人は、営業成績が良いだけの人よりも昇進が早かったりします。

家族との関係性も大切です。一番身近な人たちを大事にできない人が、お客様のことを大切にできるはずがないからです。

困った時に助け合える関係性を築くには、日頃から相手の心の機微に目を配っておくことが必要だと考えています。これは、相手の心の動きをよく観察しておくということです。落ち込んでいる時と元気な時では掛ける言葉は変わります。誰だって、その時の心情によって言われてうれしい言葉は違うでしょう。そういったことがわかるようになるためには、しっかり相手の様子を見ておく必要があるのです。

褒め言葉ひとつにしても、闇雲に褒められてもうれしくはありません。誰に対しても「素晴らしいですね！」と言う人にそう言われても、適当に言われているようにしか感じません。

しかし、「この前作ってくれた資料、すごく見やすくて助かりました」と具体的に褒められると、言われた方は「見てくれているんだな」とうれしくなります。

これは、内面も同じです。よく見ていれば「今日はなんだかいつもより元気がないな」「何か良いことがあったのかな」といったことも、なんとなく感じるもの。しっかり相手を見て、言葉を掛けていくことが大切です。

この点に関して、一番要注意なのは「イケイケタイプ」です。このタイプの方は、基本的に「やってくれて当たり前」と思っている傾向があるので、人への感謝がありません。仕事をお願いする時も「これくらいできるでしょ。やっておいて」と言ってしまいます。

しかし、相手が言われたことを理解できているか、その仕事ができる基準に達しているかを確認しないままに依頼してしまいがち。それに、「できるでしょ、これくらい」と言われたら、相手は「できません」とは言いづらいものです。

そのように、相手への配慮がないまま依頼をして、相手がうまくできていなかったら「何やっているんだ」と失望する。そこには相手への感謝の気持ちは微塵もありません。非常に勝手です。

こういったことを繰り返していると、「イケイケタイプ」は本当に困った時に誰からも手を差し伸べてもらえなくなってしまいます。少しでも心当たりがあるようでしたら、自分の身を振り返ってみてください。幸せな営業マンになるためには、とても大切なことですから。

終わりに　あなたも一生幸せな営業マンとして活躍できる

何の努力もせず、愚痴と不平不満を繰り返し、営業成績も上がらない。しかし、「まだ本気出していないだけ」「この会社と合わないだけ」と言って転職を繰り返す。そんなどうしようもない営業マンを、私はこれまでたくさん見てきました。

自分がうまく行っていない時に、「自分の何が悪いのか」「どのような努力をしなければならないのか」と考えられない人は、いつまで経っても変わりません。

しかし、この本を手に取ってくださったみなさんは、それぞれがどのタイプかは置いておいて「変わりたい」「幸せな営業マンになりたい」と思ってくださった方々だと思います。

ここまで、幸せな営業マンとして働くために必要なマインドセットとスキルについてお伝えしてきました。読んでいただいたらわかるように、お伝えしてきたことは、誰にでも、お金を掛けなくても明日からすぐに取り組めることばかりです。そして、実行に移しさえすれば、必ずあなたも一生幸せな営業マンとして活躍し続けることができます。

「働き盛り」という言葉があるように、仕事のピークは30代から40代くらいまでに感じている人もいるかもしれません。しかし、私は、営業は年を重ねれば重ねるだけ有利になる職業だと思っています。

年を重ねただけ信頼感も積み上がっていきますし、「どのようにすれば役に立てるか」を長年考え続けているので、お客様に提供できるものも増えています。使命について考え続けることで、自分が取り組んでみたいと思うこともどんどん広がっていきます。

また、あなたが幸せな営業マンとして仕事を続けていけば、部下にも同じことを伝えていくことができます。すると、あなたに共感した使命を持った営業マンが育ち、それに伴って幸せにできる人もどんどん増えていくのです。想像するだけで、とても幸せな未来が待っていると思いませんか?

もちろん、努力は必要です。日々新しいデジタルツールは出てきますし、覚えなければならないことがなくなる日は来ないでしょう。何歳になってもずっと勉強。それは、どの仕事であっても現役を続けていく上では必要なことです。

幸せな営業マンになると、あなた自身にも良いことがあります。

まず、「人たらし」になれます。言葉だけ聞くと悪い意味にも聞こえるかもしれませんが、これは「愛し、愛される人」になれるということです。

「人たらし」になる大事な要素は、相手を100%信じることです。

営業をしていると、お客様の中には時々、「こんなにお金が掛かるなら、私には無理だね」と自分の願う将来を諦めてしまう人がいます。そんな方がいらっしゃった時に、「大丈夫です。できます！」と背中を押してあげてください。その方が願う幸せな未来を実現できると信じる心があれば、心からその気持ちは生まれてきます。

そんなふうに全力で自分の未来を考えてくれて、「できる」と信じてくれる人がいるなんて、逆の立場であれば本当にうれしいと思いませんか？　そんな営業マンがいたら、お客様はファンになってしまうに違いありません。

お客様の未来を支えてあげられる人になってください。そうなれた時にあなたは「愛し、愛される人」になっているに違いありません。

そして、そのような仕事をずっと続けた先には、「人徳」が手に入ります。きっとあなたの周りにはたくさんのつながりが生まれて、多くの人がそばにいてくれるはずです。

ネイティブアメリカンの言葉にこんな言葉があります。

生まれた時、あなたは泣いていて周りは笑っていた。あなたの人生を生きなさい、そうすればあなたが死ぬときに周りが泣いていてあなたが笑っていられる。

人に囲まれて、幸せを感じながら最期を迎える。幸せな営業マンとして生きることで、そんな幸せな人生を送れるに違いありません。どのような最期を迎えたいかを想像していくことも、幸せな営業マンとしての指針になるのではないでしょうか。

何度も言いますが、営業は本当に素晴らしい職業です。その仕事を一生涯、辞めることなく働き続けられる。こんな幸せなことはなかなかありません。

営業を通して、営業マンのみなさんに幸せになっていただきたい。そのためには、本書でしつこいくらいに繰り返しお伝えした「使命」が必要です。

そして、本書でお伝えしたことの中でも、使命を見つけるのが一番難しいのではないかと思います。未来の自分がどのような状態でいたいのか、まずは制限をかけずに考えてみてください。最初はぼんやりしていても構いません。繰り返し考え続けることで、だんだん明確になってきます。

その未来を、一生かけて実現していくことができる人生は、本当に素敵なものになると信じています。

営業という、この素晴らしい仕事を通して、自分もお客様も、周りの人もみんな幸せにしていってください。

本書の内容をより詳しく学べるリアル講座
「幸塾」開催中!

お問合せはこちらから
http://happylife-oita.com/contact
＊チェック欄に幸塾の欄がありますので、
そちらをチェックしてください

Youtubeチャンネルで
お役立ち情報も好評配信中!

【著　者】

幸 賢俊（ゆき まさとし）

大分市出身。大分県立大分商業高等学校卒業後、営業会社に就職。売り上げ全国1位で表彰される。

21歳の時、税理士事務所に転職し、税務、会計、経営コンサル、保険など 個人･法人の資金に関する知識を学ぶ。

26歳でファイナンシャルプランナーの資格を取得し、30歳で独立。住宅を中心とした相談を請け負い、年間150組ほどの実績を誇る。

一生《いっしょう》「幸《しあわ》せな営業《えいぎょう》マン」として活躍《かつやく》するための思考塾《しこうじゅく》
「幸《しあわ》せな営業《えいぎょう》マン」が実践《じっせん》しているたった３つのルール

令和3年11月30日　初版発行

著　者　幸　賢俊
発行者　田村志朗
発行所　㈱梓書院
福岡市博多区千代3-2-1
電話 092-643-7075

印刷・製本／大同印刷㈱

ISBN978-4-87035-730-3　